글 김민수

전라북도 순창에서 태어나 중앙대학교 문예창작학과를 졸업하고,
같은 학교 대학원에서 문학박사 학위를 받았습니다.
현재 중앙대학교에서 겸임교수로 문학을 강의하고 있습니다.
문학 평론과 《처음으로 만나는 삼국지》,《장준하》 등 어린이를 위한 책을 썼습니다.

그림 이현세

1982년 《공포의 외인구단》으로 '이현세 붐'을 일으킨 우리나라 만화계의 거장입니다.
《지옥의 링》,《남벌》,《아마게돈》,《천국의 신화》 등 많은 대작을 그렸습니다.
최근에는 《만화 한국사 바로 보기》,《만화 세계사 넓게 보기》 등으로
어린이 학습만화의 새 지평을 열고 있습니다.
현재 세종대학교 만화애니메이션학과 교수로 학생들을 가르치고 있습니다.

일러두기

- 이 책에 나오는 그리스어와 라틴어로 된 신의 이름, 인명, 지명 등은 《표준국어대사전》 외래어 표기법과 용례에 따라 'y'의 발음을 '위'가 아니라 '이'로 적었습니다. 하나의 예로, Olympos는 '올륌포스'가 아니라 '올림포스'로 표기했습니다.

- 이 책은 다음의 원전을 바탕으로 어린이 독자에 맞게 엮었습니다.
  호메로스(서기전 800~750년 무렵 활동),《일리아드》와 《오디세이》
  아이스킬로스(서기전 525~456년),《아가멤논》,《결박된 프로메테우스》 외 다수
  소포클레스(서기전 496~406년),《오이디푸스 왕》,《엘렉트라》 외 다수
  에우리피데스(서기전 484~406년),《메데이아》,《헬레네》 외 다수
  헤시오도스(서기전 700년 무렵 활동),《신통기(신들의 계보)》와 《노동과 나날》
  아폴로도로스(서기전 180년 무렵~서기전 120년 이후),《원전으로 읽는 그리스 신화》
  베르길리우스(서기전 70~서기전 19년),《아이네이스》
  오비디우스(서기전 43~서기후 17년),《변신 이야기》
  토머스 벌핀치(1796~1867년),《그리스 로마 신화》

이현세 그림

처음으로 만나는
그리스 로마 신화

사랑의 신화 3

등장하는 신과 인간

아도니스
몰약나무에서 태어난 미남자.
아프로디테의 충고를 무시하고
사나운 짐승을 사냥하는데…….

에로스
아프로디테의 명령을 수행하러 갔다가
프시케를 보고 한눈에 반한다.
프시케의 사랑을 확인하기 위해
그녀를 시험한다.

미다스
디오니소스의 스승
실레노스를 도와준 덕으로
닿기만 하면 황금으로 변하는
황금 손을 갖게 된다.

피그말리온
자신이 조각한 상아 여인에게 사랑하는
마음을 품는다. 아프로디테 여신에게
사랑을 이루게 해 달라고
간절히 기도한다.

오르페우스
노래와 리라 연주 솜씨가 뛰어나다. 죽은 아내를 데려오기 위해 죽음을 무릅쓰고 지하 세계로 향한다.

아탈란테
활 솜씨와 달리기 실력이 남다른 보이오티아의 공주. 청혼자들을 물리치기 위해 달리기 경주를 펼친다.

오이디푸스
테베의 왕자로 태어났으나 신탁의 저주로 테베에서 버림을 받는다. 아버지를 죽이고 어머니와 결혼한다는 신탁을 과연 피해 갈 수 있을까.

나르키소스
누구든 넋을 잃고 바라볼 만큼 인물이 빼어나다. 샘에 비친 자신의 얼굴을 보고 사랑에 빠지는 비운의 운명이다.

에코
숲의 요정. 헤라의 저주로 남의 말을, 그것도 끝말만 따라 할 수 있다.

에우리디케
나무 요정이자 오르페우스의 아내. 아리스타이오스를 피해 달아나다 독사에 물린다.

멜레아그로스
칼리돈의 왕자. 용사들을 불러 모아 멧돼지 사냥 대회를 연다.

히포메네스
포세이돈의 자손. 아프로디테의 도움으로 아탈란테와 결혼한다.

프시케
절세의 미인. 에로스와의 약속을 어기고 몰래 에로스를 훔쳐본다.

아프로디테
사랑과 미의 여신. 사랑하는 아도니스와 숲에서 행복한 시간을 보낸다.

케익스
트라키스의 왕. 왕국과 가문에 나쁜 일이 잇따르자 신탁을 받으러 델포이로 떠난다.

알키오네
트라키스의 왕비. 주검으로 돌아온 남편과 함께 물총새로 다시 태어난다.

판
가축을 지키는 목신. 팬파이프 실력이 뛰어나 아폴론과 악기 연주를 겨룬다.

스핑크스
얼굴은 여자, 몸은 사자와 새를 닮은 괴물. 행인에게 수수께끼를 내어 맞히지 못하면 잡아먹는다.

케팔로스
포키스의 왕자. 에오스 여신의 꾐에 빠져 아내 프로크리스를 시험한다.

프로크리스
아테네의 공주. 크레타의 왕 미노스의 병을 치료해 주고 사냥개와 마법의 창을 선물 받는다.

차 례

- 등장하는 신과 인간

1장 메아리와 수선화에 깃든 사연　6
신화 갤러리 | 꽃으로 다시 태어난 아름다운 청년들

2장 죽음도 갈라놓지 못한 사랑　20
신화 갤러리 | 오르페우스에서 탄생한 '오페라'

3장 멜레아그로스와 아탈란테 이야기　46
신화 갤러리 | 고대 그리스인들의 달리기

4장 상아 여인을 사랑한 피그말리온　74
신화 갤러리 | 피그말리온 효과

5장 꽃이 된 아도니스　86
신화 갤러리 | 아름다움의 상징, 아프로디테

6장 에로스와 프시케　104
신화 갤러리 | 토실토실한 아기 천사, 푸토

7장 물총새가 된 왕과 왕비　132
신화 갤러리 | 죽은 자를 살린 아스클레피오스

8장 욕심이 불러온 벌　148
신화 갤러리 | 성공을 부르는 '미다스의 손'

9장 오이디푸스의 슬픈 운명　162
신화 갤러리 | 오이디푸스 콤플렉스

10장 무엇이든지 꿰뚫는 창　194
신화 갤러리 | 세계 건축에 영향을 준 그리스의 신전

- 신들의 이름 비교
- 신과 인간의 계보

[1장]
메아리와 수선화에 깃든 사연

"어쩌면 이리도 잘생겼을까?"

보이오티아 땅의 요정 리리오페는 아이의 얼굴을 뚫어지게 바라보았습니다. 그 얼굴에서 잠시라도 눈을 뗄 수 없었지요. 리리오페가 아이의 보드라운 뺨을 쓸어내리자 아이가 간지러운 듯 코를 찡긋거렸습니다. 그녀는 아이의 표정이 사랑스러워 함박웃음을 지었습니다.

아이의 아버지인 강의 신 케페소스도 아이를 예뻐하기는 마찬가지였습니다.

"우리가 아들을 참 잘 낳았어."

케페소스가 아이를 바라보는 동안, 케페소스 강도

흐름을 멈추곤 했지요.

부부는 아이의 이름을 나르키소스라고 지었습니다. 나르키소스는 '멍하니 정신을 잃고 바라보게 만든다.'라는 뜻입니다. 나르키소스는 이름처럼 누구나 넋을 잃게 할 만큼 잘생겼지요.

하루는 리리오페가 아이의 앞날을 알아보고자 눈먼 예언자 테이레시아스를 찾아갔습니다.

"이 아이가 오래 살 수 있을까요?"

리리오페의 말에 테이레시아스가 나르키소스의 얼굴을 더듬더듬 만지더니 대답했습니다.

"이 아이가 자기 자신을 모른다면 오래 살겠소."

"그게 무슨 뜻인가요?"

"내가 한 말 그대로요. 자기 자신을 몰라야 오래 살 수 있소."

리리오페가 되물어도 테이레시아스는 똑같은 대답만 되풀이했습니다.

'이 사람이 대체 무슨 소리를 하는지, 원.'

리리오페는 테이레시아스의 예언을 대수롭지 않게 여겨 금세 잊었습니다.

나르키소스는 어릴 적 모습대로 아름다운 청년으로

눈먼 예언자 테이레시아스
테이레시아스는 테베의 예언자로 테베를 세운 스파르토이의 후손이다. 목욕하는 아테나와 우연히 마주쳤다가 아테나의 벌을 받아 장님이 되었다.
아테나는 이를 후회하며 테이레시아스에게 세 가지 선물을 주었다. 미래를 내다보는 예지력과 길을 스스로 찾아가는 지팡이, 오래 살 수 있는 생명이 그것이다.

자랐습니다. 수많은 처녀와 요정이 그에게 사랑을 고백했지만 그는 오직 친구들과 어울려 다니며 사냥하는 데만 관심을 쏟았습니다.

　어느 날 나르키소스는 친구들과 함께 헬리콘 산으로 사냥을 나갔다가 홀로 숲 속을 거닐었습니다. 숲의 요정 에코가 그를 발견하고 깜짝 놀랐습니다.

'어쩜 저렇게 아름다운 분이 계실까.'

에코는 나르키소스에게 첫눈에 반해 몰래 그를 뒤따랐습니다. 그에게 말을 건네고 싶었지만 그럴 수 없었지요.

원래 에코는 재잘재잘 떠들기를 좋아하는 수다쟁이입니다. 하루는 헤라가 그녀 곁을 다급하게 지나쳐 가자 이를 놓칠세라 여신의 길을 막고 수다를 늘어놓았습니다. 여신이 참다못해 버럭 소리를 질렀습니다.

"그만! 너 때문에 큰일을 망쳤으니 네 입을 가만두지 않겠다."

아름다운 청년 나르키소스

나르키소스는 여인도 울고 갈 만큼 외모가 뛰어났다고 전해진다. 이탈리아의 고대 도시인 폼페이에서 발견된 그림이다.

■ 고대 로마 시대, 벽화.

헤라는 저주의 말을 남기고 휑하니 사라졌습니다. 그때부터 에코는 남의 말을, 그것도 마지막 한 마디만 겨우 따라 할 수 있었습니다.

에코는 답답한 마음에 제 가슴을 주먹으로 콩콩 때렸습니다.

'아, 내 마음을 단 한 마디라도 전할 수 있으면 좋으련만!'

그때 나르키소스가 큰 소리로 외쳤습니다.

"이보게, 다들 어디 있나?"

"어디 있나……."

에코는 나르키소스의 마지막 말을 따라 했습니다. 그러자 나르키소스가 놀라 주위를 두리번거렸습니다.

"누구야?"

"누구야……."

"가까이 있으면 이리로 나와!"

"나와……."

"당장 나오라니까!"

"나오라니까……."

나르키소스는 목소리가 들려오는 쪽으로 다가갔습니다. 에코는 나르키소스가 가까워지자 더는 참을 수가 없었습니다. 그녀는 풀숲을 뛰어나가 그를 꼭 끌어안았습니다.

"앗, 넌 누구냐?"

나르키소스는 귀신에게 붙들리기라도 한 듯이 에코를 힘껏 밀어냈습니다.

"누구냐……."

에코는 벌러덩 넘어지면서도 나르키소스의 마지막 말을 따라 했습니다. 나르키소스가 그녀에게 차갑게 말했습니다.

"네가 뭔데 감히 날 만
진단 말이냐? 썩 꺼져라!"
"꺼져라……."

에코가 울먹이며 말했습니다. 그러자 나르키소스가 비웃듯 깔깔거렸습니다.

나르키소스를 바라보는 에코
요정 에코가 나르키소스를 애타게 바라보고 있다.
■ 존 워터하우스, 〈에코와 나르키소스〉

"하하하, 이제 보니 넌 바보로구나."
"바보로구나……."

나르키소스는 말없이 에코를 노려보다가 찬바람을 일으키며 그곳을 떠났습니다. 에코는 바닥에 엎드린 채 흐느꼈습니다. 하고 싶은 말은 할 수 없고 하기 싫은 말조차 따라 할 수밖에 없는 자신의 처지가 한없이 서러웠습니다.

그 뒤 에코는 동굴 속에 틀어박힌 채 먹지도 자지도 않았습니다. 나르키소스를 향한 그리움과 원망의 마음이 날이 갈수록 깊어졌지요. 그녀는 하루가 다르게 여위어 갔습니다.

'신이시여, 나르키소스가 저처럼 사랑의 아픔을 느끼게 해 주세요.'

메아리가 된 에코
요정 에코의 이름은 '메아리'라는 뜻이다.
산이나 계곡에서 크게 소리치면 마지막 말이 메아리가 되어 돌아온다. 이것은 사랑의 아픔으로 몸이 사라지고 목소리만 남은 에코의 슬픈 울림이라고 한다.

마침내 에코의 몸은 작아지고 작아지다가 영영 사라졌습니다. 그녀는 그렇게 목소리만 남아 산과 계곡을 떠돌았습니다.

나르키소스는 에코의 고통을 알 리 없었습니다. 그는 여전히 숲으로 들로 친구들과 어울려 다녔지요.

그는 다시 헬리콘 산으로 사냥을 나갔습니다.

"목마르다. 저 샘에서 목을 좀 축여야겠구나."

나르키소스는 샘물 앞으로 다가갔습니다. 샘물은 말끔히 닦아 놓은 거울처럼 깨끗했지요. 그는 샘물을 마시려고 엎드리다가 수면에 비친 자신의 모습을 보았습니다.

'이럴 수가! 이렇게 아름다운 사람이 있다니……'

황금색 머리카락, 반듯한 이마, 크고 깊은 눈, 오뚝한 코, 가지런한 입……. 완벽하게 아름다운 얼굴이 샘물 속에서 자신을 쳐다보고 있었습니다.

나르키소스는 자신의 얼굴인 줄도 모른 채 한눈에 반해 점점 더 가까이 다가갔습니다. 그러자 물속의 얼굴도 그에게 점점 다가왔습니다. 그의 코가 수면에 닿은 순간, 물결이 일면서 아름다운 얼굴이 일그러졌습니다.

"안 돼!"

나르키소스가 안타깝게 소리쳤습니다. 물결이 잠잠해지자 다시 아름다운 얼굴이 나타났습니다. 그는 숨죽여 그 얼굴을 바라보았습니다. 물속 얼굴이 멀어질까 봐 몸을 일으킬 수조차 없었지요. 그는 샘가에 엎드린 채로 꼼짝도 하지 않았습니다.

그렇게 하루, 이틀……, 시간이 흘렀습니다. 나르키소스는 만날 수도, 만질 수도, 그렇다고 말을 건넬 수도 없는 얼굴 때문에 괴로웠습니다.

"아, 이런 게 바로 사랑의 아픔일까?"

마치 에코의 기도가 이루어진 것처럼 나르키소스는 사랑 때문에 마음의 병을 얻었습니다. 그는 에코가 그러했듯이 나날이 여위어 갔습니다. 그럴수록 물속 얼굴의 아름다움도 사라졌지요.

목소리만 남은 에코는 그런 나르키소스 곁을 지키며 안타까워했습니다.

'아아, 나르키소스…….'

에코는 자신의 바람이 이루어져서 기쁘기는커녕 마음이 찢어지는 듯했습니다. 보복의 여신 네메시스나 복수의 여신 에리니에스 세 자매에게 그녀의 기도를

보복의 여신 네메시스

밤의 여신 닉스의 딸로, 잘못에 대한 처벌을 감시하고 응징하는 여신이다.
지나치게 성공한 사람들의 불손함을 꺾고 죄인들을 벌하는 역할을 담당했다.
■ 2세기 무렵, 조각.

수선화
1~2월에 흰색, 노란색의 꽃이 피며 향기가 은은하다.
꽃말은 '자기 사랑'이며, 물을 좋아해서 샘가나 개울가에서 많이 핀다. 이것은 나르키소스가 물속 얼굴을 그리워하기 때문이라고 한다.
수선화의 영어 이름 나르시서스(narcissus)는 나르키소스에서 나온 말이다.

거두어 달라고 애원하고 싶었지요.

이제 나르키소스에게는 고개를 들 힘조차 남지 않았습니다. 그는 마지막 힘을 짜내어 물속 얼굴에게 인사했습니다.

"그럼, 안녕……."

에코가 그의 마지막 말을 슬프게 따라 했습니다.

"안녕……."

나르키소스는 미소 지으며 숨을 거두었습니다. 물속 얼굴이 자신에게 한 인사라고 생각했으니까요.

그의 누이인 케페소스 강의 요정들이 나르키소스를 묻어 주며 슬프게 울었습니다. 요정들의 울음소리가 에코의 메아리에 휩싸인 채 멀리멀리 퍼져 나갔지요.

얼마 뒤 나르키소스가 숨을 거둔 샘가에서 예쁜 꽃이 피어났습니다. 사람들은 나르키소스가 꽃으로 다시 태어났다고 여겨 그 꽃을 나르시서스, 곧 수선화라고 불렀습니다.

신화 갤러리 1

▲ **아름다운 청년 나르키소스**
숨을 거둔 나르키소스는 나르시서스 곧 수선화로 다시 태어난다.
■ 니콜라 푸생, 〈에코와 나르키소스〉

▲ **아폴론과 히아킨토스**
아폴론이 히아킨토스의 죽음을 슬퍼하고 있다.
■ 장 브록, 〈히아킨토스의 죽음〉 부분.

꽃으로 다시 태어난 아름다운 청년들

나르키소스는 수면에 비친 얼굴이 자신인 줄도 모른 채 사랑에 빠져 수선화로 다시 태어났습니다. 아폴론의 사랑을 독차지하던 청년 히아킨토스는 서풍의 신 제피로스의 질투로 목숨을 잃고 히아신스로 피어났지요. 또 아도니스는 멧돼지에게 죽음을 당한 뒤 아프로디테 여신에 의해 아네모네 꽃이 되었습니다.

나르키소스와 히아킨토스, 아도니스는 모두 눈에 띄게 아름다운 외모를 가진 청년이었습니다. 또한 짧은 생애를 마친 뒤에 꽃으로 재탄생한 공통점을 갖고 있지요.

이들의 비극적인 사랑 이야기는 각각 수선화, 히아신스, 아네모네의 기원이 되었습니다. 이 꽃들은 해마다 봄이면 피어나 그들의 슬픈 이야기를 들려주고 있습니다.

난 특별해!

자기 자신을 사랑하고 자신이 매우 특별하며 훌륭하다고 여기는 것을 '나르시시즘'이라고 합니다. 나르키소스는 저승의 길목에 있는 스틱스 강을 지나면서도 수면 위에 비친 자신의 모습을 보려고 뱃머리에서 몸을 굽혔다고 합니다. 이처럼 자신에게 지독한 사랑에 빠져 마침내 죽음에 이르는 나르키소스의 비극적인 운명에 빗대어 나르시시즘이라는 말이 생겨났습니다.

오늘날 나르시시즘은 언제나 자기중심적으로 말하고 행동하는 사람에게서 나타나는 과도한 자기애라는 뜻으로 자주 쓰입니다. 사람은 누구나 어느 정도의 나르시시즘을 가지고 있습니다. 건강한 나르시시즘을 가진 사람은 자기를 긍정적으로 평가해 장점은 계발하고 단점은 고치려는 의지를 보입니다.

반면에 건강하지 못한 나르시시즘을 가진 사람은 자신을 지나치게 대단한 사람으로 착각하여 다른 사람을 존중하지 않고 이기적이거나 오만하게 행동하지요. 이런 문제 행동을 보이는 사람을 '나르시시스트'라고 부릅니다.

▶ **나르시시즘을 탄생시킨 나르키소스**
그리스 신화의 나르키소스 이야기는 나르시시즘이라는 심리학 용어를 탄생시켰다.
■ 카라바조, 〈나르키소스〉

[2장]
죽음도 갈라놓지 못한 사랑

트라키아 땅의 숲 속에서 노래꾼 오르페우스와 나무 요정 에우리디케의 결혼식이 한창입니다.

숲의 요정들과 사티로스들, 목동들이 자리를 채우고, 그 뒤로 디오니소스를 따르는 여자들인 마이나데스가 둘러서 있습니다. 오르페우스는 한때 마이나데스, 사티로스들과 함께 디오니소스를 따랐습니다.

신랑과 신부가 머리에 풀꽃 관을 쓰고 결혼의 신 히메나이오스 앞에 나란히 섰습니다. 히메나이오스는 축복의 횃불을 손에 든 채 흐뭇한 미소를 지었지요.

결혼식을 지켜보던 마이나데스 가운데 누군가 부러운 듯 말했습니다.

"신랑이 저렇게 멋지니 신부는 얼마나 좋을까?"

그러자 에우리디케의 친구인 나무 요정이 새치름하게 말했습니다.

"신부가 너무 아름다워서 신랑이 더 행복할걸?"

히메나이오스가 하객들을 향해 조용히 하라는 손짓을 보냈습니다. 주위가 잠잠해지자 그는 낭랑한 목소리로 말했습니다.

"신랑과 신부는 축복의 횃불 앞에서 부부가 되기로 신들께 맹세하고……."

바로 그때였습니다.

갑자기 세찬 바람이 몰려오더니 회오리를 일으키며 결혼식장을 휩쓸고 지나갔습니다. 그 바람에 축복의 횃불이 꺼지고 말았지요.

횃불에서 연기가 피어오르자 여기저기서 기침이 터져 나왔습니다. 하객들은 저마다 불안해하며 웅성거렸습니다.

"저런, 축복의 횃불이 꺼지다니……."

"대체 무슨 일이 벌어지려고 그러지?"

히메나이오스는 서둘러 횃불을 일으키며 애써 태연한 척 말했습니다.

마이나데스

마이나데스는 '광란하는 여자들'이라는 뜻이며, 한 여자를 가리킬 때 쓰는 단수형은 마이나스이다.
나뭇가지로 만든 관을 쓰고 디오니소스 숭배의 상징인 '티르소스'라는 지팡이를 들고 있다.
■ 서기전 460년 무렵, 항아리.

"자, 횃불이 다시 힘차게 타올랐습니다."

히메나이오스의 주례가 이어지고, 이윽고 결혼식이 끝났습니다. 잔칫상이 푸짐하게 차려지고 마이나데스가 하객들에게 포도주를 돌렸지요. 그때 누군가 큰 소리로 외쳤습니다.

"신랑의 노래와 연주를 들어 봅시다."

하객들이 고개를 끄덕이며 일제히 신랑을 쳐다보았습니다.

오르페우스는 하객들의 성원에 보답하려는 듯 리라를 들고 일어났습니다. 그는 리라 연주에 맞춰 노래를 불렀습니다.

하객들은 오르페우스의 아름다운 연주와 목소리에 넋을 잃었습니다. 그의 노래가 끝나자 우레와 같은 함성이 터져 나왔습니다.

오르페우스는 트라키아의 왕 오이아그로스와 무사이 여신인 칼리오페 사이에서 태어나, 어머니 칼리오페의 음악적 재능을 물려받았습니다.

칼리오페는 서사시와 노래를 담당한 여신으로, 노래 솜씨가 무척 뛰어났습니다. 당시 고대 그리스에서는 서사시가 유행해서 시인들은 사람들 앞에서 노래

서사시의 여신 칼리오페

시적 영감과 모든 지적 활동을 주관한 무사이 여신들 가운데 맏이이다. 칼리오페라는 이름에는 '아름다운 목소리'라는 뜻이 담겨 있다.
이야기를 시로 쓴 서사시를 담당한 여신답게 종이에 무언가를 적고 있는 모습이다.
■ 레온하르트 케른, 〈뮤즈 칼리오페〉

를 읊조리듯 서사시를 낭독하고는 했지요.

오르페우스는 어머니에게 노래를 익히고, 아폴론에게 리라를 배웠습니다. 그의 노래와 연주 솜씨는 신과 인간은 물론이고 짐승, 심지어는 산과 바위 같은 자연까지 사로잡을 만큼 뛰어났습니다.

노래꾼 오르페우스
오르페우스의 감미로운 노래와 연주에 사나운 짐승은 온순해지고 나무나 풀은 그를 향해 휘어졌다고 한다.
오르페우스는 항상 리라를 손에 든 모습으로 표현된다.
■ 안 브뤼헐, 〈오르페우스〉

그는 리라를 연주하고 노래하며 자유롭게 세상을 떠돌았습니다. 그 덕분에 노래꾼으로 널리 이름을 떨쳤지요.

어느 날 오르페우스는 아름다운 에우리디케를 만나 사랑에 빠졌습니다. 그는 에우리디케와 결혼해 트라키아의 숲에 머물러 살기로 마음먹었습니다.

오르페우스와 에우리디케는 신혼의 단꿈에 젖어 행복한 나날을 보냈습니다. 오르페우스의 노랫소리와 에우리디케의 웃음소리가 숲 속으로 멀리멀리 퍼져 나갔습니다.

그 무렵 트라키아의 숲에는 가축과 과일의 신인 아리스타이오스가 살았습니다. 그는 아폴론과 숲의 요

달아나는 에우리디케
에우리디케는 아리스타이오스를 피해 도망치다가 독사에게 물려 목숨을 잃는다.

■ 니콜로 델 아바테, 〈오르페우스와 에우리디케〉

정 키레네 사이에서 태어났습니다. 그는 테베에서 카드모스의 딸 아우토노에와 결혼해 아들 악타이온을 낳았습니다.

하지만 아들 악타이온이 일찍 죽자 아리스타이오스는 슬픔에 잠겨 세상을 떠돌던 끝에 트라키아로 왔습니다. 이곳에서 꿀벌과 가축을 치고 과일나무를 기르며 살았지요.

하루는 아리스타이오스가 강가에서 꿀통을 살피는데 때마침 에우리디케가 강가를 지나갔습니다. 아리스타이오스는 에우리디케를 넋을 잃고 바라보다가 그녀에게 다가갔습니다.

"요정이여, 어딜 그리 바삐 가십니까?"

에우리디케가 험상궂게 생긴 그를 보고 놀라서 도망쳤습니다. 아리스타이오스는 그녀를 재빨리 뒤따랐습니다.

"거기 좀 서시오!"

에우리디케가 몸을 숨기려고 풀숲으로 다급하게 뛰어들었습니다. 순간 그녀의 발에 뭔가 밟혔지요. 그녀가 갑자기 날카로운 비명을 내질렀습니다.

"아아악!"

아리스타이오스가 도착했을 때 에우리디케는 쓰러져 있었습니다. 독사에게 발목을 물렸던 거예요. 아리스타이오스는 당황해서 그녀를 내버려 두고 도망쳤습니다.

오르페우스는 해가 질 무렵에야 에우리디케를 찾아냈습니다. 그녀의 영혼은 이미 지하 세계로 떠난 뒤였지요. 오르페우스는 차디찬 그녀를 안고 숲이 떠나갈 듯 큰 소리로 울었습니다.

오르페우스는 절망에 빠져 지냈습니다. 그렇게 좋아하던 노래도 리라 연주도 다 그만둔 채 온종일 숲을 헤매고 다녔습니다. 아내의 목숨을 빼앗은 독사를 찾아 앙갚음을 하고 싶었지요. 하지만 모두 헛수고였습니다.

"신들이시여, 제 아내의 죽음을 보셨거든 제 원한을 풀어 주십시오."

오르페우스는 간절히 기도했습니다. 그 때문인지 하루

슬픔에 잠긴 오르페우스
오르페우스가 사랑하는 아내 에우리디케를 잃고 큰 슬픔에 잠겨 있다.

■ 알렉상드르 세옹, 〈오르페우스의 비탄〉

타이나론 곶

곶은 바다로 뾰족하게 뻗어 나온 육지를 뜻한다. 타이나론 곶은 펠로폰네소스 반도의 가장 아래쪽에 있으며, '마타판 곶'이라고도 한다.
포세이돈에게 바친 성지로 고대 그리스인들은 이곳을 저승에 이르는 입구라고 생각했다.
또한 올림포스 산 근처의 템페 골짜기에는 지하 감옥인 타르타로스로 내려가는 동굴이 있다고 믿었다.

아침에 아리스타이오스가 기르던 꿀벌과 가축이 다 죽고, 과일나무가 모조리 쓰러졌습니다.

오르페우스의 울분은 점차 그리움으로 바뀌었습니다. 그는 단 한 번만이라도 에우리디케를 다시 보고 싶어 견딜 수가 없었습니다.

'내 목숨을 잃더라도 지하 세계로 내려가 아내를 만나리라.'

오르페우스는 곧장 짐을 꾸려 먼 길을 떠났습니다. 시간이 지나자 오르페우스의 모습은 점점 거지처럼 변했습니다. 그는 밥을 구걸하며 한뎃잠을 잤습니다.

등에 걸쳐 맨 리라만이 그가 거지가 아님을 말해 주는 듯했습니다. 그렇게 그는 타이나론 곶으로 향했습니다.

타이나론 곶에는 지하 세계로 통하는 동굴이 있습니다. 동굴 주위는 음산한 기운이 가득해 아무도 발걸음을 하지 않았지요.

'그녀를 볼 수만 있다면 타르타로스 감옥에 갇힌들 두려울까!'

오르페우스는 조금도 망설이지 않고 성큼성큼 동굴 안으로 들어갔습니다.

몇 번이나 해가 뜨고 졌는지 모를 만큼 긴 시간이 흘렀습니다. 그동안 오르페우스는 물 한 모금 마시지 않고 잠 한숨 자지 않은 채 계속 걸었습니다. 어느 순간 동굴이 끝나고 비탄의 들이 나타났습니다.

하늘은 검은 구름으로 가득하고 비탄의 들에는 수많은 영혼이 오갔습니다. 그 너머에는 강이 흘렀지요.

'옳지! 저 강이 바로 아케론 강이로구나.'

아케론 강을 건너면 지하 세계의 왕궁에 이를 수 있습니다. 오르페우스는 재빨리 앞으로 나아갔습니다. 그의 몸이 영혼들과 연신 부딪쳤지만 마치 공기에 닿은 것처럼 아무 느낌이 없었습니다.

나루터에는 뱃사공 카론이 서 있었습니다. 오르페우스는 뱃삯으로 그에게 동전 한 개를 건넸습니다. 그런데 그가 배에 오른 순간, 갑자기 배가 삐걱거리며 마구 흔들렸습니다. 카론이 매서운 눈으로 그를 쏘아보며 꾸짖었습니다.

"이 배에는 산 사람이 탈 수 없다. 당장 내려라!"

오르페우스는 간절한 눈으로 그에게 부탁했습니다.

지하 세계의 뱃사공 카론

어둠의 신 에레보스와 밤의 여신 닉스 사이에서 태어났다. 카론은 그리스어로 '기쁨'을 의미한다.
지하 세계에서 죽은 이들을 태워 아케론 강에서 스틱스 강까지 건네주는 일을 했는데 반드시 통행료를 받았다. 이 때문에 고대 그리스에서는 죽은 사람을 묻을 때 입에 1오보로스 동전을 물려 주는 관습이 있었다.

"아내를 만나고 싶습니다. 제발 저를 이 배에 태워 주십시오."

"살아서 이곳을 나가지 못해도 좋단 말이냐?"

"그렇습니다."

오르페우스가 단호하게 말하자 카론은 더는 묻지 않고 노를 젓기 시작했습니다. 배는 삐걱삐걱 요란한 소리를 내며 강물 위로 떠갔습니다.

오르페우스는 무사히 강을 건너고 들을 지나 마침내 지하 왕국의 성문 앞에 이르렀습니다. 문지기 개 케르베로스가 끈적끈적한 침을 흘리며 그 앞을 지켰지요. 검은 옷을 입은 이들이 그를 보더니 앞을 가로막았습니다.

"하데스 대왕을 만나고 싶습니다!"

오르페우스가 당당하게 소리쳤습니다. 검은 옷을 입은 이들이 그를 왕궁 안으로 끌고 갔습니다.

하데스와 페르세포네가 높은 옥좌 위에 앉아 있었습니다. 그 아래에 있던 운명의 여신들 가운데 하나가 하데스에게 속삭였습니다.

"아직 이곳에 올 사람이 아닙니다. 운명의 실이 많이 남았어요."

하데스가 오르페우스에게 호통을 쳤습니다.

"네 이놈! 감히 운명을 어기고 산목숨으로 여기까지 온 까닭이 무엇이냐?"

오르페우스는 대답 대신 리라를 들어 올렸습니다. 그는 리라를 켜며 자신의 사연을 담아 노래를 불렀습니다.

"대왕께서도 사랑을 아시겠지요? 대왕께선 왕비님과의 사랑을 이루셨지만, 저는 운명의 시샘으로 사랑을 잃었습니다. 제 아내는 청춘의 나이에 죽음의 깊은 잠에 빠졌습니다. 그 뒤로 저 역시 숨만 쉬는 주검이 되었습니다."

오르페우스의 구슬픈 노랫소리에 하데스와 페르세포네는 뜨거운 눈물을 흘렸습니다. 복수의 여신들은 탄식하며 피눈물을 흘리고, 운명의 여신들은 손에 든 실타래가 눈물에 젖는 줄도 모른 채 노래에 귀 기울였습니다.

아름다운 선율이 왕궁 너머로 퍼져 나갔습니다. 그 순간 비탄의 들을 헤매던 영혼들이 발길을 우뚝 멈추었습니다. 행복으로 가득한 엘리시온의 들에서는 웃음소리가 그쳤습니다. 타르타로스의 암흑을 채우던 비명 소리조차 낮은 한숨으로 바뀌었습니다.

"그러니 죽음의 왕이시여, 차라리 저를 죽여 이곳에 머물게 해 주소서. 이를 허락치 않으시려거든 제 아내를 돌려주십시오."

오르페우스의 긴 연주와 노래가 끝났습니다. 그런데도 누구 하나 입을 여는 이가 없었지요. 하데스가 눈물을 닦으며 시종에게 일렀습니다.

"엘리시온으로 가서 에우리디케를 데려오너라."

하데스가 오르페우스를 바라보며 말했습니다.

"너의 슬픈 노래가 내 마음을 움직이니 내게도 뜨거운 심장이 있음을 알겠구나. 이승에서 아내와 새로운 삶을 살도록 허락하노라."

오르페우스는 머리를 깊이 숙여 감사의 인사를 올렸습니다. 하데스가 표정을 바꾸며 엄한 목소리로 말했습니다.

"너를 위해 나는 지하의 법을 스스로 어겼다. 너도 한 가지 시험을 통과해야 한다. 지하의 어둠을 다 벗어날 때까지 네 아내의 앞에서 걷되 결코 말을 해서도, 뒤를 돌아보아서도 안 된다. 이를 명심하라."

"네, 반드시 말씀대로 따르겠습니다."

지하 세계를 떠나다

지하 세계의 왕 하데스와 왕비 페르세포네는 오르페우스의 노래와 연주에 감동해 에우리디케를 이승으로 데려갈 것을 허락한다.
에우리디케가 저승을 떠나며 뒤를 돌아보고 있다.

■ 장 라우, 〈지하 세계를 떠나는 오르페우스와 에우리디케〉

오르페우스는 자신 있게 대답했습니다.

얼마 뒤 에우리디케가 시종과 함께 왕궁 안으로 들어왔습니다. 그녀는 독사에게 물린 상처가 채 아물지 않았는지 다리를 절룩였습니다.

"오르페우스, 어떻게 여기까지……."

"에우리디케!"

오르페우스가 다가가 그녀를 힘껏 안았습니다.

둘은 시종과 함께 검은 마차를 타고 지하의 하늘을 날았습니다. 마차는 바람처럼 빠르게 왕궁을 벗어나고 아케론 강을 건너 한 동굴 앞에 이르렀습니다.

"이 동굴을 통과하면 인간이 사는 땅이오."

시종은 이 말을 남기고 돌아갔습니다. 오르페우스는 아내를 쳐다보았습니다.

"에우리디케, 내 뒤를 잘 따라와야 하오."

"제 걱정은 마세요."

에우리디케가 환하게 미소 짓자 오르페우스는 안심한 듯 동굴 안으로 천천히 들어갔습니다.

가파른 오르막길이 이어졌습니다. 오르페우스는 쉬지 않고 걸었습니다. 지하 세계로 올 때보다 훨씬 더 힘들고 멀게 느껴졌습니다.

'휴, 나도 이렇게 힘든데 발을 다친 아내는 얼마나 힘들까?'

오르페우스는 뒤돌아보고 싶은 마음을 애써 눌렀습니다.

바로 그때, 눈앞에 희미한 빛이 나타났습니다. 그는 반가운 마음에 성큼성큼 앞으로 나아갔습니다. 빛을 향해 다가갈수록 주위가 조금씩 환해졌습니다.

'그래, 이제 거의 다 왔어!'

오르페우스는 아내에게 기쁜 소식을 전하고 싶어 자신도 모르게 몸을 획 돌렸습니다. 하데스의 당부를 잊은 채 말이에요. 순간 에우리디케의 몸이 어둠 속으로 빨려 들어가기 시작했습니다.

"아악, 내 몸이……, 오르페우스!"

그녀는 그를 향해 두 팔을 내밀었습니다.

"에우리디케! 에우리디케!"

오르페우스가 황급히 손을 내밀었지만 그녀의 모습은 어둠 속으로 사라져 보이지 않았어요. 그녀의 애타는 목소리만 메아리치듯 동굴

저승으로 가는 에우리디케

오르페우스가 하데스와의 약속을 어기고 뒤를 돌아본 순간, 에우리디케가 다시 지하 세계로 끌려가는 모습이다.

■ 마르탱 드롤링, 〈오르페우스와 에우리디케〉

죽음도 갈라놓지 못한 사랑

을 울렸습니다.

"오르페우스, 당신을 다시 만나 행복했어요. 부디……."

에우리디케의 목소리는 끝을 맺지 못하고 사라졌습니다. 오르페우스는 올라왔던 길을 미친 듯이 달려 내려갔습니다. 그는 아케론 강의 나루터로 가서 다시 카론의 배에 오르려고 했지요. 그러자 카론이 그를 거세게 떠밀었습니다.

"하데스 대왕의 엄명이시다. 그만 돌아가라!"

카론이 노를 저어 배를 출발시켰습니다. 오르페우스는 멀어져 가는 배를 바라보며 무너지듯 그 자리에 주저앉았습니다.

트라키아 숲으로 돌아온 오르페우스는 전혀 딴사람이 되었습니다. 여자라면 상대도 하지 않았지요. 요정이든 마이나데스든 여자가 나타나면 무조건 몸을 피했습니다. 그의 마음속엔 오직 에우리디케를 향한 그리움만 가득했습니다.

'에우리디케, 우리가 다시 만날 날을 기다리겠소.'

오르페우스는 소년들이나 청년들과 어울리며 그들에게 리라와 노래를 가르쳤습니다. 마이나데스는 그런 그를 몹시 못마땅하게 여겼습니다.

"우리가 꼴 보기 싫어서 디오니소스 축제에도 오지 않은 게 분명해."

"쳇, 우리를 이렇게 무시하고도 무사할 줄 알고?"

마이나데스는 멀리서 오르페우스를 지켜보며 분통을 터뜨렸습니다.

그러던 어느 날, 오르페우스가 강가에서 홀로 리라를 연주했습니다. 마이나데스가 강가를 우르르 지나다가 오르페우스를 발견했습니다.

"저기 오르페우스가 있어."

마이나데스는 디오니소스 축제에 다녀오는 길이었습니다. 입에는 술 냄새가 가득하고 눈빛은 풀어져 있었지요. 손에는 축제에서 사용한 지팡이와 횃불을 들고 있었습니다.

"오늘이야말로 저자를 가만두지 않겠어."

마이나데스가 고함을 지르며 지팡이를 던졌습니다. 지팡이는 오르페우스 바로 앞에 떨어졌습니다. 그가 깜짝 놀라서 연주를 멈추었습니다. 이것이 신호가 되어 여자들은 너도나도 손에 든 물건들을 집어던졌습니다.

"꼴도 보기 싫으니, 죽어라!"

"에우리디케에게 가 버려!"

마이나데스가 던진 지팡이와 횃불들이 허공을 날았습니다. 어떤 이는 돌멩이를 주워 던지고, 어떤 이는 피리를 불거나 팀파논을 두드렸습니다. 마치 축제를

오르페우스와 마이나데스
오르페우스는 광기로 가득 찬 마이나데스의 공격을 받아 죽음을 맞는다.
■ 에밀 레비, 〈오르페우스의 죽음〉

한바탕 벌이는 듯했지요.

"으윽!"

오르페우스는 리라를 떨어뜨린 채 땅바닥을 뒹굴었습니다. 그의 몸 위로 지팡이와 횃불, 돌멩이가 마구 날아들었습니다. 그는 몸이 토막 날 정도로 끔찍한 상처를 입고 숨을 거두었습니다.

마이나데스는 오르페우스를 강으로 던졌습니다. 그의 몸은 강물 속에서 흩어지고, 머리와 리라는 강을 따라 흘러갔습니다.

그의 머리는 강물 위를 흘러가며 쉼 없이 노래를 불렀습니다. 리라도 둥둥 떠가며 그의 노래에 맞춰 소리를 냈습니다.

오르페우스의 머리와 리라는 에게 해로 흘러들어 소아시아에서 가까운 레스보스 섬에 닿았습니다.

그곳 어부들이 그의 머리를 발견했을 때도 입술은 여전히 노래를 부르고 있었지요. 어부들은 이를 기이하게 여겨 그의 머리를 땅에 묻고 그 자리에 신전을 세웠습니다.

제우스는 위대한 노래꾼의 죽음을 안타까워하며 바

다에서 리라를 건져 올려 하늘의 별자리로 만들었습니다. 칼리오페와 무사이 여신들은 강물에서 흩어진 그의 몸 조각을 건져 헬리콘 산에 묻었습니다.

오르페우스의 영혼은 지하 세계로 가서 꿈에 그리던 에우리디케를 만났습니다. 둘은 엘리시온의 들에서 영원히 함께 살게 되었지요. 엘리시온에서는 날마다 아름다운 노래와 연주가 흘러나왔습니다.

한편 디오니소스는 오르페우스를 죽인 마이나데스에게 분노했습니다.

"나를 위해 연주했던 그를 죽이다니……."

디오니소스는 트라키아의 숲으로 날아갔습니다. 마이나데스는 술에 취한 채 미친 듯이 날뛰며 춤추고 있었습니다.

"너희는 지금 이대로 영원히 춤이나 추어라."

디오니소스의 말이 끝나자마자 마이나데스는 모두 참나무로 변했습니다. 그녀들이 춤추며 흔들던 팔은 나뭇가지가 되었지요. 그때부터 참나무는 작은 바람에도 가지를 흔들며 춤을 추었습니다.

신화 갤러리 2

▲ **오르페우스의 연주**
오르페우스의 연주를 듣기 위해 짐승들이 모여든 모습이다.
■ 세바스티앙 브랑, 〈오르페우스와 짐승들〉

오르페우스에서 탄생한 '오페라'

오페라는 음악을 중심으로 한 종합 무대 예술로 독창, 중창, 합창으로 이루어지며 악기 연주를 덧붙이기도 합니다. 오늘날의 오페라와 비슷한 형식을 갖춘 첫 작품은 오르페우스 신화를 바탕으로 한 몬테베르디의 〈오르페오〉(1607년)입니다.

오르페우스와 에우리디케의 사랑 이야기는 널리 알려졌기 때문에 수많은 작가가 작품의 소재로 삼았습니다. 오페라 작곡가들 역시 널리 알려진 내용, 안타깝고 극적인 이야기에 끌려 작품의 주제로 오르페우스에 대한 이야기를 자주 선택했지요. 실제로 17세기 이후 오르페우스 이야기를 주제로 만들어진 오페라는 지금까지 알려진 것만도 무려 80편에 이른답니다.

▲ **오페라 〈오르페오〉**
몬테베르디의 오페라 〈오르페오〉는 오늘날까지 꾸준히 공연되고 있다.

신화에 등장한 여러 악기

리라는 지금의 하프로 발전한 고대 그리스의 현악기입니다. 특히 음악의 신 아폴론과 노래꾼 오르페우스는 사나운 짐승과 식물들까지 감동시킬 만큼 리라를 아름답게 연주했지요.

피리는 아테나 여신의 솜씨로 만든 악기입니다. 메두사가 페르세우스의 손에 죽을 때 내지른 비명 소리를 흉내 냈다고 합니다.

팬파이프는 입으로 부는 관악기로 팬은 '판'이 변한 말입니다. 목축의 신 판이 자신이 사랑하는 요정 시링크스가 갈대로 변하자 슬픔을 달래기 위해 갈대를 꺾어 처음으로 만들었지요.

신화에 등장하는 고대의 악기들은 시간이 흐르면서 점차 모양이 변형되어 오늘날에 이르렀으며, 수많은 악기가 생겨나는 데 큰 영향을 주었습니다.

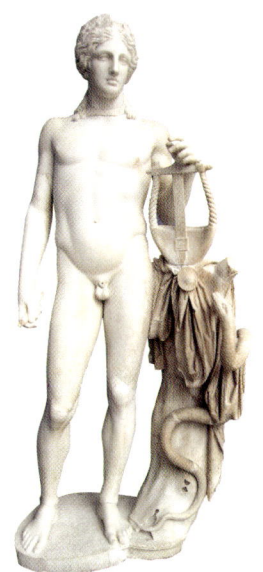

▲ **리라를 든 아폴론**
아폴론은 음악의 신으로 악기 연주 실력이 뛰어났던 것으로 전해진다.
■ 2세기, 조각.

▼ **팬파이프를 연주하는 아이**
머리에 꽃을 꽂은 아이가 팬파이프를 연주하고 한 여인이 이를 감상하고 있다.
■ 존 워터하우스, 〈달콤한 연주 듣기〉

[3장]
멜레아그로스와
　　아탈란테 이야기

"응애, 응애~."

칼리돈 왕국에 사내아이의 울음소리가 우렁차게 울려 퍼졌습니다. 알타이아 왕비는 갓 태어난 아이를 흐뭇하게 바라보다가 눈을 감고 기도했습니다.

"운명의 여신들이여, 제 아이가 오래 살게 해 주십시오."

그녀가 기도를 마치고 눈을 뜨자 방 안에 운명의 세 여신이 서 있었습니다.

"아니, 어떻게 여기까지……."

그녀가 깜짝 놀라 몸을 일으키려 했습니다. 이에 한 여신이 손짓으로 그녀를 말렸습니다.

"네 기도가 간절하여 우리가 여기까지 왔다. 안타깝게도 네 아이가 타고난 목숨이 너무 짧구나."

다른 여신이 벽난로에서 타고 있는 장작을 가리켰습니다.

"저 장작이 타서 없어질 때쯤 죽음의 신 타나토스가 아이의 영혼을 데리러 올 것이다."

"안 돼요! 제발 이 아이를 살려 주세요, 여신님."

알타이아는 눈물을 뚝뚝 흘리며 애원했습니다. 여신이 그녀의 어깨를 쓰다듬었습니다.

"우리가 널 도우러 왔으니 눈물을 거둬라. 저 장작이 불에 다 타지만 않으면 네 아이는 늙을 때까지 잘 살 것이다. 내 말을 잊지 마라."

운명의 여신들은 이 말을 남기고 모습을 감추었습니다.

그 순간 알타이아는 활활 타고 있는 장작을 집어 아이의 목욕통으로 던졌습니다. 불길에 손을 덴 줄도 모른 채 말이에요. 장작은 하얀 연기와 함께 칙칙 소리를 내며 꺼졌습니다. 그녀는 그 장작을 벽장 안 깊은 곳에 감추었습니다.

모이라이 세 자매

운명의 여신들로, 밤의 여신 닉스의 딸들이다. 제우스와 테미스 사이에서 태어났다는 의견도 있다.

막내 클로토(맨 왼쪽)가 운명의 실을 뽑아내면 둘째 라케시스(맨 오른쪽)가 그 실을 인간들에게 나누어 주고, 첫째 아트로포스(가운데)는 가위로 실을 잘라 죽는 시기를 결정한다.

■ 존 스트러드윅, 〈모이라이 세 자매〉

그 덕분인지 멜레아그로스는 건강하게 자랐습니다. 어느새 용감하고 힘과 무술이 뛰어난 청년이 되었지요. 그는 틈만 나면 세상을 돌아다니며 이름난 용사들을 사귀었습니다.

어느 날 칼리돈 왕국에 큰 소동이 일어났습니다. 바로 아르테미스의 분노 때문이지요.

멜레아그로스의 아버지 오이네우스 왕은 첫 추수를 마치고 신들에게 제물을 올렸습니다. 데메테르에게는 첫 과일을, 디오니소스에게는 첫 포도주를, 아테나에게는 처음 짜낸 올리브기름을 바쳤습니다. 그런데 그만 아르테미스를 위한 제물을 잊은 거예요.

"숲에서 짐승이나 잡는다고 날 무시했겠다?"

아르테미스는 머리끝까지 화가 나서 멧돼지 한 마리를 칼리돈으로 보냈습니다. 멧돼지는 몸집이 황소보다 큰 데다가 입에서는 불길을 내뿜고 성질도 무척 사나웠습니다.

멧돼지는 밀밭과 포도밭을 닥치는 대로 짓밟고 불을 내뿜어 올리브 숲을 태웠습니다. 또 마을로 쳐들어가서 가축을 잡아먹고 사람들을 해쳤지요. 사람들은 겁에 질려 우르르 성안으로 도망쳤습니다.

검은 피부의 멜레아그로스

멜레아그로스의 '멜라'는 '검다'는 뜻으로 피부가 검은 데서 붙여진 이름인 듯하다.
멜레아그로스의 검은 피부가 타다 만 장작을 떠오르게 한다.
■ 피에르 보나콜시, 〈멜레아그로스〉, 조각.

멜레아그로스와 아탈란테 이야기

오이네우스는 멜레아그로스에게 걱정을 털어놓았습니다.

"멧돼지 한 마리가 이 왕국을 다 망치니 이를 어쩐단 말이냐."

"아버지, 제게 좋은 생각이 있습니다. 저와 친한 용사들을 불러 멧돼지 사냥 대회를 열겠습니다."

"오호, 좋은 생각이다. 당장 그리해라."

멜레아그로스는 친구들에게 초청 편지를 보냈습니다. 그러자 이아손, 테세우스, 펠레우스, 에우리티온, 네스토르, 아탈란테 등 뛰어난 용사들이 칼리돈으로 몰려왔습니다. 이들은 여러 왕국의 왕족들로 특히 펠레우스와 에우리티온은 사위와 장인 사이입니다.

용사들 가운데 가장 눈에 띄는 이는 보이오티아에서 온 아탈란테였습니다. 그녀는 웬만한 남자보다 사냥 솜씨가 뛰어났으며, 그 이름조차 '남자에 맞먹는 여장부'를 뜻했지요.

멜레아그로스는 아탈란테를 보고 한눈에 반했습니다. 그는 어떻게든 마음을 전하고 싶었지만 그녀는 도무지 사랑에 관심이 없어 보였습니다.

며칠 동안 용사들의 환영 잔치가 열리고 드디어 사

아름다운 아탈란테

보이오티아 왕국의 공주로 미모가 빼어난 데다 활 솜씨와 달리기 실력이 뛰어났다. 결혼을 하면 사람의 몸으로 살 수 없는 운명을 타고났다.

■ 존 윌리엄 고드워드, 〈아탈란테〉

냥 대회 날이 되었습니다. 용사들은 사냥개를 데리고 멧돼지가 있는 산 아래에 모였습니다. 오이네우스가 용사들에게 외쳤습니다.

"멧돼지를 잡은 이에게 멧돼지의 가죽과 머리를 주겠소. 누가 가장 용맹한지 지금부터 겨루어 보시오!"

"와아아!"

멧돼지 사냥을 새긴 석관

칼리돈의 멧돼지 사냥은 그림뿐 아니라 그릇, 접시, 돌로 짠 관 등 여러 작품의 소재가 되었다.

■ 3세기 무렵, 돌을새김.

용사들이 함성을 지르며 산으로 뛰어 올라갔습니다. 그들의 기세에 동물들이 이리 뛰고 저리 뛰었습니다. 용사들은 다른 짐승에게는 눈길도 주지 않은 채 앞으로 나아갔습니다. 마침내 산 중턱에서 멧돼지와 마주쳤습니다.

"크르르릉……."

멧돼지는 날카로운 이빨을 내보이며 불길을 토했습니다.

"네 목을 꿰뚫어 주마!"

펠레우스가 큰 소리로 외치며 멧돼지를 향해 창을 던졌습니다. 멧돼지는 창을 피해 가볍게 뛰어올랐습니다. 그 바람에 창은 반대편에 서 있던 에우리티온의 가슴에 꽂혔습니다.

멜레아그로스와 아탈란테 이야기

영웅 테세우스

테세우스는 사람을 괴롭히거나 잡아먹는 괴물들을 없애 영웅으로 받들어졌다.
테세우스가 괴물 미노타우로스를 몽둥이로 때려잡는 순간을 담았다.

■ 에티엔 쥘 라메, 〈테세우스〉, 조각.

"앗, 장인어른!"

펠레우스가 놀라서 달려갔지만 에우리티온은 이미 숨을 거둔 뒤였습니다. 펠레우스는 땅을 치며 괴로워했습니다.

그때 이아손과 테세우스가 동시에 창을 날렸습니다. 멧돼지는 참나무 뒤로 재빨리 몸을 숨겼지요. 두 개의 창은 참나무에 깊숙이 박힌 채 한참을 부르르 떨었습니다.

이번에는 활을 든 용사들이 나섰습니다. 멧돼지는 이리저리 내달리며 화살을 모두 피했습니다. 그러고는 한 용사에게 달려들어 허벅지를 물어뜯었습니다.

"으아악!"

용사가 비명을 지르며 쓰러졌습니다. 멧돼지는 커다란 엄니로 용사를 들이받아 벼랑 아래로 떨어뜨렸습니다.

멧돼지는 곧장 뒤로 돌더니 네스토르에게 달려들었습니다. 네스토르는 창을 땅에 짚고 나무 위로 올라가서 간신히 몸을 피했지요.

아탈란테가 멧돼지를 향해 화살을 날렸습니다. 화살이 멧돼지의 귀 아래를 꿰뚫었습니다. 이내 검붉은

멜레아그로스의 멧돼지 사냥

멜레아그로스가 멧돼지를 창으로 찌르는 순간이 생동감 있게 표현되었다.
창으로 멧돼지를 찌르는 멜레아그로스 뒤로 활을 든 아탈란테가 보인다.

■ 페터 파울 루벤스, 〈칼리돈 멧돼지 사냥〉

피가 흘러내렸지요. 멜레아그로스가 그녀에게 다가가 감격한 목소리로 말했습니다.

"과연 대단하오. 활 솜씨는 그대가 단연 으뜸이오."

그러자 한 용사가 콧방귀를 뀌며 말했습니다.

"쳇, 그깟 화살로 저런 괴물을 죽일 수 있겠소? 내가 저 괴물의 머리통을 쪼개 놓을 테니 잘 보시오."

용사는 도끼를 휘두르며 멧돼지에게 내달렸습니다. 멧돼지는 그를 슬쩍 피하며 몸을 돌려 그의 옆구리를 물어뜯었습니다. 그는 도끼를 허공으로 날리며 비명도 지르지 못한 채 숨을 거두었습니다.

멜레아그로스는 더는 참을 수 없었습니다. 그는 멧돼지에게 달려들어 양손에 든 창을 차례로 던졌습니다. 창 한 개는 땅에 꽂혔지만 다른 창이 멧돼지의 등에 박혔습니다.

"꽤액!"

멧돼지가 고통스러운 울음소리를 내며 땅에 쓰러졌습니다.

바로 그때 멜레아그로스가 번개처럼 달려들어 멧돼지의 목에 칼을 꽂았습니다. 멧돼지는 한동안 버둥거리다가 이내 잠잠해졌습니다.

"와아!"

용사들이 환호성을 지르며 모여들었습니다. 그들은 그제야 분풀이하듯 창과 칼로 멧돼지를 마구 찔렀습니다.

"그만두시오. 괴물의 숨은 벌써 끊어졌소."

멜레아그로스가 용사들을 막아서며 말했습니다. 그는 자랑스러운 표정으로 아탈란테를 바라보았습니다. 아탈란테는 저만치에서 미소 짓고 있었지요.

멜레아그로스는 멧돼지의 가죽을 벗겨 낸 뒤, 아탈란테에게 다가갔습니다.

"그대의 화살 덕분에 멧돼지를 잡았소. 이 가죽은 그대의 것이오."

"고마워요, 멜레아그로스."

아탈란테가 환하게 웃으며 가죽을 받았습니다. 그때 누군가 멧돼지 가죽을 가로채며 소리쳤습니다.

"이건 옳지 않다!"

멜레아그로스의 큰외삼촌 플렉시포스였습니다.

사냥의 전리품

멜레아그로스가 아탈란테에게 멧돼지 사냥의 전리품을 선물하자 그의 삼촌들이 이를 반대하고 있다.

■ 야코프 요르단스, 〈멜레아그로스와 아탈란테〉

"뭐가 잘못되었습니까?"

멜레아그로스가 인상을 찌푸리며 물었습니다. 그의 작은외삼촌 톡세우스가 끼어들었습니다.

"아탈란테가 한 일이라곤 화살을 한 개 쏜 것뿐이다. 그 화살이 멧돼지의 숨통을 끊은 건 아니야."

"제가 멧돼지를 죽인 영광을 제 맘대로 나누지도 못합니까?"

"영광을 나누려거든 우리 모두와 함께해야지. 넌 지금 저 여자에게 눈이 멀어서 이러는 것 아니냐."

그 말에 멜레아그로스가 크게 분노했습니다.

"남의 영광을 훔치려는 이 도둑들아!"

멜레아그로스는 순식간에 칼을 꺼내 톡세우스의 가슴을 찔렀습니다. 톡세우스가 눈을 부릅뜨며 쓰러졌습니다.

"아니, 어떻게 네가……!"

플렉시포스가 소리치며 칼을 뽑으려고 했습니다. 하지만 멜레아그로스의 칼이 더 빨랐습니다. 플렉시포스도 이내 쓰러졌습니다.

"이게 무슨 짓인가?"

이아손과 테세우스가 달려와 멜레아그로스를 붙들

었습니다. 그러나 두 외삼촌은 숨을 거둔 뒤였지요.

알타이아는 그 소식에 하늘이 무너지는 듯했습니다. 그녀는 바닥에 주저앉아 옷을 찢으며 울부짖었습니다.

"내가 이런 꼴이나 보려고 아들을 오래 살게 해 달라고 신들께 빌었단 말이냐? 동생들아, 너무도 미안하고 애통하구나."

알타이아가 탄식을 늘어놓다가 갑자기 벌떡 일어났습니다. 그러고는 그녀는 벽장 문을 열고 뭔가 꺼냈습니다. 그것은 멜레아그로스가 태어났을 때 넣어 둔 장작이었지요.

"운명의 여신들이여, 제 아들이 저승에서라도 두 외삼촌에게 용서받게 해 주십시오."

알타이아는 눈물을 흘리며 장작을 벽난로 속으로 던졌습니다. 바싹 마른 장작은 금세 불이 붙어 활활 타올랐습니다. 알타이아는 장작이 재가 되는 것을 지켜보다가 스스로 목을 매고 죽었습니다.

그 무렵 멜레아그로스는 말을 타고 왕궁으로 돌아오고 있었습니다. 백성들이 길가로 뛰어나와 용사들에게 환호성을 보냈습니다. 멜레아그로스는 자랑스레 손을 흔들었습니다. 그의 등 뒤에 묶인 멧돼지 머리가 그의 용맹함을 말해 주는 듯했지요.

바로 그때였어요. 멜레아그로스가 갑자기 손으로 가슴을 움켜쥐었습니다. 그는 온몸이 불타는 듯한 아픔을 느꼈지요.

"으으으……."

그는 낮게 신음하며 이를 악물고 고통을 참아 냈습니다. 하지만 시간이 지날수록 살이 타는 듯한 끔찍한 고통이 점점 커졌습니다. 그는 말 위에서 떨어졌습니다. 사람들이 웅성거리며 그를 에워쌌지요.

그는 지독한 고통 속에서도 아탈란테에게 손을 내밀었습니다.

"으윽, 아탈란테……!"

아탈란테가 그의 손을 잡았습니다.

"멜레아그로스, 정신 차려요!"

멜레아그로스는 그녀의 손을 잡은 채 그대로 숨을 거두었습니다. 아탈란테의 뺨 위로 눈물이 흘러내렸습니다.

용사들은 멜레아그로스 누이들의 울음소리를 뒤로 한 채 저마다 고향으로 떠났습니다.

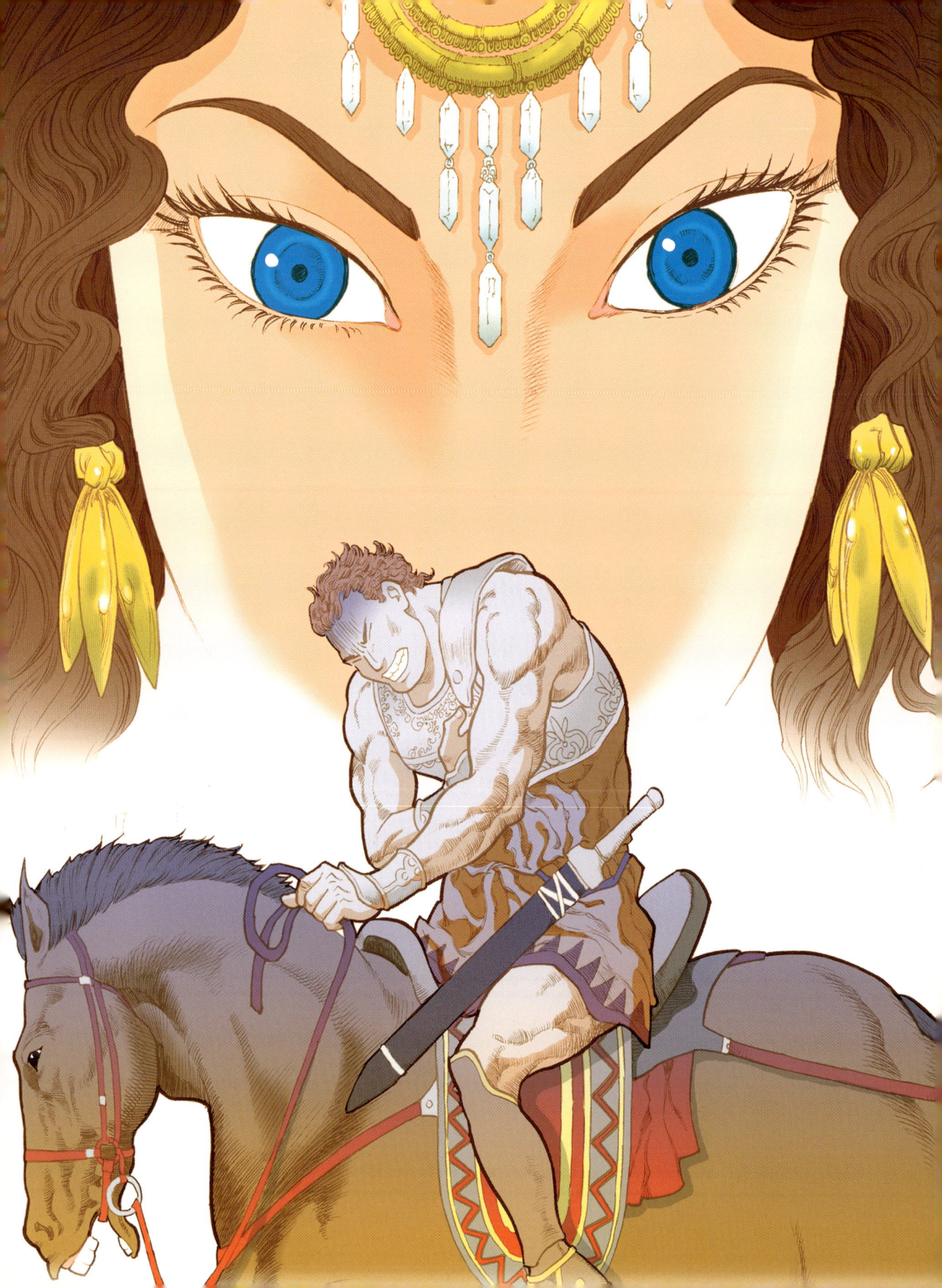

멜레아그로스의 누이들

멜레아그로스의 누이들은 어머니 알타이아를 잃은 데 이어 오빠 멜레아그로스마저 잃었다.
칼리돈 왕가의 불행이 이어지자 아르테미스가 멜레아그로스의 누이들을 불쌍히 여겨 새로 만들어 주었다.

멜레아그로스의 죽음은 아탈란테에게 큰 슬픔을 안겨 주었습니다. 그녀도 처음부터 그가 마음에 들었습니다. 이제 다시는 그를 볼 수 없다는 사실이 꿈인 양 믿어지지 않았습니다.

그녀는 보이오티아로 돌아온 뒤, 말이 없고 냉랭한 사람이 되었습니다. 숲에 틀어박힌 채 사람들을 멀리했지요. 숲은 그녀에게 안식처가 되어 주었습니다.

아탈란테는 원래 보이오티아 왕국의 공주입니다. 그녀는 태어난 뒤로 줄곧 숲에서만 자랐습니다. 보이오티아의 왕인 아버지가 딸이 태어난 데 실망해 숲에 버린 탓이지요.

포대기에 싸인 아탈란테를 암곰이 데려다 젖을 먹여 길렀습니다. 그녀는 곰처럼 생활하다가 사냥꾼들에게 발견되었습니다. 그 뒤 사냥꾼들의 손에서 표범처럼 재빠른 달리기와 백발백중의 활 솜씨를 갖춘 여장부로 자랐습니다. 사람들은 그녀를 일컬어 '인간 아르테미스'라고 불렀습니다.

하루는 아탈란테가 신탁을 받으러 아폴론 신전을 찾았습니다.

"너는 결혼을 하면 사람으로 살 수 없는데, 결혼을

할 운명이로구나."

신녀에게 전해 들은 신탁은 충격적이었습니다. 그 뒤로 그녀는 사랑이나 결혼에는 관심을 두지 않으려고 애썼습니다. 그런 그녀가 멜레아그로스를 보고 처음으로 마음이 흔들렸던 것입니다.

'그래, 차라리 그를 잃은 게 잘된 건지도 몰라. 나는

달리기 선수 아탈란테
아탈란테는 웬만한 남자보다 달리기가 빨랐다.
아탈란테가 금방이라도 달려 나갈 듯 역동적인 모습으로 표현되었다.
■ 피에르 르 포트르, 〈아탈란테〉, 조각.

영원히 혼자 살 운명인 거야.'

아탈란테의 이름은 칼리돈의 멧돼지 사냥 대회 이후 널리 알려졌습니다. 그녀의 아버지 스코이네우스도 소문을 듣고 아탈란테를 찾아왔습니다.

"이 아비의 잘못을 용서하고 나와 함께 왕궁으로 돌아가자."

"지난 일은 다 잊었는걸요. 저는 여기서 이대로 살고 싶어요."

아탈란테는 아버지의 권유를 뿌리치고 숲에 남았습니다. 그녀는 활을 들고 사냥에만 몰두했습니다.

그래도 아탈란테의 빼어난 미모는 숨길 수가 없었습니다. 하루가 멀게 젊은이들이 찾아와 그녀에게 청혼을 했습니다. 그녀는 그들을 물리치기 위해 한 가지 꾀를 냈습니다.

"달리기 경주에서 나를 이기면 청혼을 받아 주겠어요. 하지만 나에게 지면 목숨을 끊어야 합니다."

아탈란테는 청혼자와 달리기 경주를 벌여 번번이 이겼습니다. 그때마다 경주에서 패한 젊은이는 스스로 목숨을 끊었지요.

그러던 어느 날, 포세이돈의 자손인 히포메네스가

우연히 아탈란테를 보았습니다. 그는 머리카락을 휘날리며 바람처럼 내달리는 그녀를 본 순간 마음을 빼앗겼습니다.

'젊은이들이 목숨을 걸고 그녀에게 청혼하는 까닭을 이제야 알겠구나.'

히포메네스는 고백할 용기를 내지 못한 채 혼자서 가슴앓이를 했습니다. 달리기로 도저히 그녀를 이길 자신이 없었으니까요. 히포메네스는 그녀를 향한 사랑을 어쩌지 못해 아프로디테 신전을 찾았습니다.

"제게 사랑의 마음을 주셨으면 그 사랑이 이루어지게 해 주십시오."

아프로디테가 그의 간절한 기도를 들었습니다.

'그래, 저 젊은이 정도면 아탈란테의 짝으로 모자람이 없겠군.'

아프로디테는 그를 돕기로 마음먹고 헤라에게 황금 사과 세 개를 얻었습니다. 여신은 그에게 모습을 나타내 황금 사과를 건네며 말했습니다.

"달리기 경주에서 이걸로 아탈란테를 꾀어라."

"여신님, 이 은혜를 결코 잊지 않겠습니다."

히포메네스는 황금 사과를 받아 들고 곧장 아탈란

헤라의 황금 사과

황금 사과는 헤라가 대지의 여신 가이아에게 받은 결혼 선물이다.
아틀라스의 딸들인 헤스페리데스 세 자매와 잠들지 않는 용 라돈이 황금 사과가 열리는 나무를 지킨다.

■ 프레더릭 레이턴, 〈헤스페리데스의 정원〉

테를 찾아갔습니다. 그녀는 사냥꾼들에게 둘러싸인 채 아버지를 만나고 있었습니다. 히포메네스는 그녀에게 다가갔습니다.

"그대에게 달리기 경주를 청하니 받아 주시오."

아탈란테가 히포메네스를 뚫어지게 쳐다보았습니다. 그녀는 그의 잘생긴 외모보다 용기에 놀랐습니다. 한눈에도 그는 그리 날래 보이지 않았거든요. 그래서인지 그녀의 목소리는 평소보다 한결 부드러웠습니다.

"당장이라도 좋아요. 그런데 당신은 목숨을 잃는 게 두렵지 않나요?"

"내가 그대를 이길 텐데 뭐가 두렵겠소."

아탈란테는 히포메네스의 남자다움에 마음이 끌렸습니다.

'그의 목숨이 아깝지만 그렇다고 져 줄 수는 없지.'

여러 사람이 지켜보는 가운데 달리기 경주가 시작되었습니다. 건너편 산 중턱의 바위를 돌아 출발점으로 돌아오는 경기였습니다.

"출발!"

신호가 떨어지기가 무섭게 두 사람이 앞으로 뛰어 나갔습니다. 처음에는 히포메네스가 앞섰습니다. 그는 있는 힘을 다해 달렸으니까요. 그에 비해 아탈란테는 숨소리도 흐트러뜨리지 않은 채 가볍게 뛰었습니다. 그녀는 차츰 히포메네스와의 거리를 좁혔습니다.

'지금이다!'

히포메네스가 품에서 황금 사과를 한 개 꺼내 뒤로 던졌습니다. 아탈란테는 반짝이는 황금 사과를 보고 달리기를 멈췄습니다.

'아니, 저 귀한 걸 버리다니……'

아탈란테는 풀숲 사이로 달려가 황금 사과를 주웠습니다. 순간 아프로디테가 사과를 무겁게 만들었습니다. 아탈란테는 쇳덩이보다 무거운 사과를 들어 올리느라 시간이 더 걸렸습니다.

그사이 히포메네스는 저만치 앞서 갔습니다. 하지만 아틀란테는 어느새 히포메네스의 뒤를 바짝 추격했습니다. 그는 다시 황금 사과를 던졌습니다. 산 중턱을 돌며 던지고, 결승점에 도착하기 직전에 남은 하나마저 던졌습니다.

아탈란테는 그걸 주울 때마다 멈춰 선 데다가 황금

포세이돈의 자손 히포메네스
히포메네스는 아탈란테의 사랑을 차지하기 위해 달리기 시합에 나섰다.
그가 아탈란테의 속력을 늦추기 위해 황금 사과를 던지려는 순간이다.
■ 기욤 쿠스투, 〈히포메네스〉, 조각.

사과의 무게 때문에 속력을 내기 어려웠습니다. 결국 히포메네스가 아탈란테보다 한 걸음 빠르게 결승선을 통과했습니다.

"이야, 아탈란테가 달리기에 질 때도 다 있네."

"하하, 드디어 결혼을 하시겠구먼."

구경꾼들은 한마디씩 하며 즐거워했습니다. 아탈란테는 달리기에 졌으면서도 아쉽기는커녕 기분이 좋았습니다.

아탈란테와 히포메네스는 수많은 사람들의 축복 속에 결혼식을 올렸습니다.

두 사람은 부부가 된 뒤에도 숲에서 사냥을 하며 살았습니다. 둘은 사랑의 단꿈에 젖어 세월 가는 줄 몰랐지요. 그들의 모습은 아프로디테가 질투를 느낄 정도로 행복해 보였습니다. 여신의 질투는 점차 분노로 바뀌었습니다.

'흥, 히포메네스는 은혜를 갚을 줄 모르는 몹쓸 자로구나.'

황금 사과를 줍는 아탈란테

히포메네스와 아탈란테의 숨막히는 시합 장면을 풍부한 색채 감각과 감성으로 세련되게 재구성했다.

■ 귀도 레니, 〈아탈란테와 히포메네스〉

히포메네스는 아프로디테를 까맣게 잊고 지냈습니다. 그는 신전에 제물을 바치는 철에도 아내와의 사냥에만 빠져 지냈지요. 마침내 아프로디테의 분노가 하늘을 찔렀습니다.

'저런 괘씸한! 신을 가벼이 여기는 벌이 어떤 건지 보여 주마.'

프랑스의 기념 동전

프랑스의 동전에 달리기 시합을 하는 히포메네스와 아탈란테가 새겨져 있다.

■ 19~20세기 초, 동전.

그날도 히포메네스와 아탈란테는 함께 사냥을 나섰습니다. 아프로디테는 그들의 정신을 흐리게 만들었습니다. 히포메네스는 숲에서 갑자기 어지럼증을 느끼며 아내에게 말했습니다.

"여보, 잠시 쉬어 갑시다."

"그래요. 저도 이상하게 좀 피곤해요."

둘이 쉴 곳을 찾아 두리번거리는데 마침 빈 오두막이 보였습니다. 그곳은 원래 신전인데 아프로디테가 오두막처럼 보이게 한 것입니다. 둘은 오두막 안으로 들어가서 서로 꼭 껴안고 잠을 청했습니다.

얼마쯤 지났을까. 단잠에서 먼저 깨어난 히포메네스는 이상한 느낌을 받았습니다. 그는 자신의 손을 보고 소스라치게 놀랐습니다. 손이 짐승의 발로 변해 있었던 거예요.

"으르렁!"

그는 비명을 질렀지만 입 밖으로 나는 소리는 사자의 울음소리였습니다. 아탈란테도 사자가 되어 있었습니다. 두 사람은 신전을 더럽힌 죄로 신들의 벌을 받은 것입니다.

그 뒤로 숲에는 사자 두 마리가 떠돌아다녔습니다. 사자들은 사냥을 할 때도 물을 마실 때도 항상 함께했지요. 사냥꾼들은 다정한 사자 한 쌍을 신성하게 여기며 아꼈습니다.

신화 · 갤러리 3

그들은 왜 짐승으로 변했을까?

▲ 백조로 변한 제우스
제우스가 백조로 모습을 바꿔 레다를 유혹하고 있다.

▼ 아르테미스의 알몸을 보다
악타이온은 아르테미스가 목욕하는 장면을 본 죄로 사슴이 되었다가 사냥개들에게 죽음을 당한다. 아르테미스의 영어식 표현은 다이아나이다.
■ 베첼리오 티치아노, 〈다이아나와 악타이온〉

신화나 전설 속에는 신이나 인물이 짐승이나 나무, 꽃 등으로 변한 경우가 많이 있습니다. 고대 로마의 시인 오비디우스는 이들의 이야기를 모아 《변신 이야기》라는 작품을 쓰기도 했지요.

그리스 로마 신화의 제우스는 독수리나 백조처럼 날짐승이 되기도 하고 황소처럼 가축으로 변하기도 했습니다. 사냥꾼 악타이온은 아르테미스 여신이 목욕하는 것을 우연히 보았다가 사슴으로 변하는 벌을 받았지요. 요정 칼리스토는 아르테미스로 변한 제우스와 사랑을 나눈 죄로 헤라에 의해 곰으로 변했습니다.

고대 그리스인들은 세상 모든 것이 사라지는 것이 아니라 모습을 바꿀 뿐이라고 믿었습니다. 이는 불교의 윤회 사상, 즉 사람은 삶과 죽음의 세계를 끊임없이 돌고 돈다는 생각과도 비슷한 점이 있습니다.

고대 그리스인들의 달리기

서기전 490년, 아테네군의 전령 필리피데스는 마라톤 평원에서 아테네까지 40여 킬로미터를 달려가 페르시아와의 전쟁에서 승리한 소식을 전했습니다. 그의 전설적인 위업을 기리기 위해 근대 올림픽 경기에서 마라톤이 정식 종목으로 채택되었지요.

고대 그리스의 올림픽 경기에서 달리기는 가장 인기가 많은 종목이었습니다. 그 해 달리기에서 승리한 선수의 이름을 따서 올림픽 경기의 이름을 붙일 정도였지요. 또 달리기 선수들이 횃불을 들고 경기장을 달려 제우스 제단에 불을 붙이는 영광을 차지했습니다. 이처럼 고대 그리스에서 달리기는 교통수단이 다양하지 않은 시기에 전령이나 일반인들의 이동 방법이었을 뿐만 아니라 신에게 경의를 표하기 위한 위대한 의식이었습니다.

▲ **아탈란테와 히포메네스의 시합**
히포메네스가 아탈란테와의 달리기 시합에서 승리를 거두는 순간이다.
■ 노엘 알, 〈히포메네스와 아탈란테의 달리기〉

▲ **고대 그리스의 청동 투구**
1936년 마라톤 선수 손기정이 베를린 올림픽 경기에서 우승한 기념으로 받은 투구이다.
기원전 6세기 무렵에 그리스의 코린트에서 만들어진 것으로, 우리나라의 보물 제904호로 지정되었다.

[4장]
상아 여인을 사랑한 피그말리온

　지중해 동쪽에 있는 키프로스 섬은 사랑의 여신 아프로디테의 고향입니다. 아프로디테는 이 섬 가까이에 있는 바다의 거품에서 태어난 뒤, 이곳에 처음으로 발을 디뎠지요.
　하루는 키프로스의 제우스 신전에서 나그네의 주검이 발견되었습니다. 나그네는 제물을 바치는 자리에 피를 흘리며 죽어 있었습니다.
　"저런, 신성한 곳에서 몹쓸 일이 생기다니!"
　아프로디테는 당장 키프로스로 날아갔습니다.
　나그네의 주검에는 온통 시퍼런 멍이 들어 있었습니다. 나그네가 먹을 것과 잠잘 곳을 청하자 마을 사람들이 그를 돌로 때려죽인 것입니다. 여신은 이 사실을 알고 몹시 분노했습니다.

"내 고향이 언제부터 인정 없는 곳이 되었단 말이냐. 나그네를 이렇게 만든 사람들은 천벌을 받아 마땅하다."

아프로디테는 마을 남자들을 모조리 황소로 만들어 들판으로 내몰았습니다.

"너희는 서로 치고받으며 살게 될 것이다."

이번에는 여자들에게 호령했습니다.

"너희가 죽인 나그네처럼 떠돌며 살아라."

아프로디테는 마을을 불태워 잿더미로 만들고 여자들을 내쫓았습니다.

여자들은 항구로 우르르 몰려가 뱃사람들에게 술을 팔았습니다. 그렇게 번 돈은 흥청망청 노는 데 썼지요. 점점 더 많은 여자가 땀 흘려 일하는 대신 술과 놀이에 빠져 지냈습니다.

키프로스의 왕 피그말리온은 나라에 퍼진 방탕한 풍속을 한탄했습니다. 그는 어린 시절부터 술에 취해 싸우는 여자들을 수없이 보고 자랐습니다. 그래서인지 왕이 되어서도 결혼을 하지 않은 것은 물론이고 왕

키프로스 섬의 고고 유적

키프로스 섬의 남서부에 위치한 파포스에는 아프로디테를 비롯해 고대 신들을 숭배했던 흔적이 남아 있다.
파포스의 고고 유적은 역사적 가치를 인정받아 1980년에 유네스코 세계 문화유산으로 등재되었다.

궁 안에 시녀조차 두지 않았습니다. 친구들이 그런 그를 걱정했습니다.

"이보게, 혼자 살다 죽을 셈인가?"

"어서 결혼할 여자를 찾아보게."

그때마다 피그말리온의 대답은 한결같았습니다.

"난 살아 있는 여자는 다 싫다네."

피그말리온에게도 사랑을 하고 싶은 마음은 있었습니다. 다만 그 어떤 여자도 그의 마음에 사랑을 일깨울 수 없는 것이 문제였지요.

어느 날 피그말리온이 방 안에 틀어박혀 뭔가를 만들기 시작했습니다. 방 안에서 뚝딱뚝딱 두드리는 소리가 끊임없이 새어 나왔습니다.

피그말리온이 마침내 완성한 것은 조각상이었습니다. 상아를 깎고 다듬어 자신이 상상한 가장 아름다운 여인을 만든 것입니다. 금빛 곱슬머리, 깊은 눈, 오뚝한 코, 살며시 다문 입술……, 상아 여인은 정말 살아 있는 사람 같았습니다.

피그말리온은 자기가 만든 상아 여인을 보며 감탄했습니다.

"그대는 정말 아름답구려! 이제부터 그대를 갈라테

또 하나의 갈라테이아

그리스 로마 신화에는 피그말리온이 사랑한 상아 여인 갈라테이아 이외에 또 하나의 갈라테이아가 나온다. 바다의 요정 갈라테이아는 외눈박이 거인 폴리페모스의 사랑을 거절했다. 앙심을 품은 거인이 요정의 연인 아키스를 죽이자 갈라테이아는 그가 흘린 피를 강으로 만들었다. 이 강을 '아키스 강'이라고 한다.

이아라고 부르겠소."

피그말리온은 마치 살아 있는 이에게 하듯 말을 건네며 넋을 잃고 상아 여인을 바라보았습니다.

"당신에게 옷부터 입혀야겠소."

그는 발가벗은 모습의 상아 여인에게 옷을 입혀 주었습니다. 장신구들도 구해 와 상아 여인을 꾸며 주었습니다.

그는 일을 하다가도 틈만 나면 상아 여인에게 달려갔습니다. 하루 종일 방 안에서 나오지 않는 날도 있었지요. 그는 누가 봐도 상아 여인과 사랑에 빠진 남자였습니다.

그날도 피그말리온은 상아 여인을 오래도록 바라보았습니다. 그런데 상아 여인이 한순간 미소를 짓는 듯했습니다. 그는 가슴을 두근거리며 그녀를 가만히 불렀습니다.

"갈라테이아!"

"……"

상아 여인은 아무 말도 없었습니다. 그는 손가락으로 상아 여인의 입술을 쓸어 보았습니다. 그의 손가락에 차갑고 딱딱한 상아가 느껴졌습니다. 그는 긴 한숨을 내쉬며 탄식했습니다.

"후유, 그대는 모든 걸 다 갖추었는데 오직 생명만 없구려."

피그말리온은 부질없는 꿈인 줄 알면서도 상아 여인이 살아서 숨 쉬기를 바라고 또 바랐습니다.

해마다 봄이 되면 키프로스에서는 아프로디테를 숭배하는 축제가 열렸습니다. 꽃을 든 여인들이 긴 행렬을 이루며 아프로디테 신전으로 향했습니다. 그 순간 그에게 한 가지 생각이 떠올랐습니다.

'그래, 사랑의 여신이라면 내 소원을 들어주실지도 몰라!'

피그말리온은 하인을 시켜 꽃으로 예쁘게 꾸민 송아지를 준비했습니다. 그는 송아지를 이끌고 아프로디테 신전으로 갔습니다.

피그말리온은 제단에 향을 피운 뒤 송아지를 죽여 제물로 바치고 간절히 기도했습니다.

"여신이시여, 제가 사랑하는 갈라테이아에게 부디 생명을 내려 주십시오. 제 아내가 될 이는 오직 갈라

사랑에 빠진 피그말리온

피그말리온이 자신이 조각한 상아 여인 갈라테이아를 넋을 잃고 바라보고 있다.

■ 번 존스, 〈피그말리온〉 4부작 중 두 번째.

테이아뿐입니다."

아프로디테가 모습을 숨기고 있다가 그의 기도를 들었습니다. 수척한 피그말리온을 보니 절로 애틋한 마음이 들었습니다.

'쯧쯧, 가련한지고. 저러다 오래 살지 못하겠구나.'

아프로디테는 피그말리온의 소원을 들어주기로 했

습니다. 그 표시로 향로에 불길을 세 번 일으켰지요. 피그말리온은 깜짝 놀라 뒤로 물러났습니다. 불길의 뜻을 알 길이 없었으니까요.

피그말리온은 왕궁으로 돌아오자마자 상아 여인에게 달려갔습니다. 상아 여인은 평소와 다름없이 한쪽으로 머리를 살짝 기울인 채 서 있었지요.

"갈라테이아, 오래 기다렸소?"

그는 상아 여인에게 다가가 부드럽게 입을 맞추었습니다. 그런데 이게 어찌 된 일일까요? 상아 여인의 입술에서 온기가 느껴졌습니다. 그는 뒤로 한 발 물러나 상아 여인을 바라보았습니다.

기도하는 피그말리온

피그말리온이 아프로디테 신전에서 간절히 기도해, 상아 여인 갈라테이아가 생명을 얻는 모습을 그렸다. 제단 뒤에서 불길이 활활 타오르고 있다.

■ 아뇰로 브론치노, 〈피그말리온과 갈라테이아〉

상아 여인의 뺨이 분홍빛으로 물들었습니다. 그뿐만이 아니었지요. 그녀는 숨을 쉬고 눈을 깜박거리며 고개를 똑바로 세웠습니다. 피그말리온은 제 눈을 믿을 수가 없었습니다.

"갈라테이아, 정말 생명을 얻은 것이오?"

"그래요, 그동안 당신이 하는 말을 다 들었어요. 이제야 이렇게 대답을 하네요."

"아아, 당신이 사람이 되다니 꿈만 같소."

상아 여인을 사랑한 피그말리온

피그말리온은 갈라테이아를 힘껏 안았습니다. 그는 기쁨의 눈물을 흘리며 하늘을 향해 외쳤습니다.

"사랑의 여신이시여, 진심으로 감사합니다."

아프로디테는 가만히 미소를 지었습니다.

그러나 그것도 잠시, 아프로디테의 얼굴은 차갑게 굳어졌습니다. 항구에서 사람들이 노래를 부르고 싸워 대는 소리가 끊임없이 들려왔거든요.

'내 축제일인데도 신전을 찾지 않고 저희끼리 놀고 떠들다니……. 그토록 혼쭐을 냈건만 아직도 정신을 차리지 못했단 말인가.'

아프로디테는 항구로 날아갔습니다. 그곳은 술에 취한 뱃사람들과 여자들로 북적였습니다. 여신이 마을에서 내쫓은 바로 그 여자들이었지요.

"저들은 부끄러워할 줄도, 뉘우칠 줄도 모르니 더는 인간으로 살 필요가 없다."

아프로디테는 술에 취해 남자들과 흥청거리는 여자들을 모두 돌로 만들었습니다.

한편 피그말리온과 갈라테이아는 결혼식을 올리고 자식을 낳았습니다. 그중에 맏딸의 이름을 자신들이 살고 있는 항구 이름을 따서 파포스라고 지었습니다.

신화 갤러리 4

피그말리온 효과

한 초등학교에서 실험을 했습니다. 초등학생들에게 지능 테스트를 받게 한 뒤, 몇 명의 성적을 높은 점수로 꾸며 담임 선생님에게 알려 주었습니다. 6개월 뒤에 또다시 지능 테스트를 하자 선생님에게 높은 성적으로 알려 준 아이들의 성적이 향상된 것을 알 수 있었지요.

이 실험에서 보이듯 사람은 상대방의 기대에 민감하게 반응합니다. 선생님의 기대를 받은 아이는 대부분 기대에 부응하기 위해 적극적으로 공부를 합니다. 피그말리온의 기대와 바람으로 갈라테이아가 생명을 얻은 것처럼 말이에요.

피그말리온 효과란 이처럼 진심으로 기대하면 언젠가는 상대방이 이에 부응해 그 기대대로 되는 현상을 말합니다.

▲ 피그말리온 효과
피그말리온은 상아 여인이 사람이 되기를 간절히 소망했다. 그의 기대대로 상아 여인은 마침내 사람이 되었는데, 이 이야기에서 피그말리온 효과라는 말이 나왔다.
■ 장 레옹 제롬, 〈피그말리온과 갈라테이아〉

▶ 사람이 된 갈라테이아
상아 여인 갈라테이아는 피그말리온의 간절한 소망에 힘입어 사람이 된다.
■ 로베르 르 로랭, 〈갈라테이아〉

◀ 예술 작품으로 거듭나다

갈라테이아가 사람이 되는 장면은 화가들에게 깊은 영감을 불러일으켜 수많은 그림과 조각 등으로 표현되었다.

■ 헨리 하워드, 〈여인상에 사랑을 불어넣는 피그말리온〉

피그말리온 신화를 현대화한 희곡

1913년에 아일랜드의 극작가 버나드 쇼는 피그말리온 신화를 희곡 〈피그말리온〉으로 새롭게 꾸밉니다.

극중에서 피그말리온은 아름답고 완벽한 언어 사용을 꿈꾸는 저명한 음성학자 히긴스 교수로 나옵니다. 그는 촌스런 영어를 사용하는 일라이자 두리틀을 만나 6개월 동안 혹독한 훈련을 시킨 끝에 고급 영어를 말할 줄 아는 여인으로 만들고, 피그말리온처럼 스스로 만들어 낸 작품에 감탄합니다.

이 작품은 오늘날까지 연극과 영화, 뮤지컬 등으로 수차례 공연되며 선풍적인 인기를 끌었습니다. 이것은 신화적 소재가 문화적 상상력의 보고인 동시에 그것을 어떻게 재해석하는가에 따라 원전보다 훨씬 풍부한 문화적 반향과 대중의 인기를 얻을 수 있음을 알려 줍니다.

▲ 뮤지컬 〈마이 페어 레이디〉

〈마이 페어 레이디〉는 버나드 쇼의 희곡 〈피그말리온〉을 원작으로 만들었다.

[5장]
꽃이 된 아도니스

푸르르…….

몰약나무는 누가 흔들기라도 하듯 연방 몸을 떨었습니다. 둥치 안은 무언가 꽉 찬 것처럼 크게 부풀어 있고, 껍질 틈에서는 노란 나무즙이 줄줄 새어 나왔습니다.

출산의 여신 에일레이티이아는 그 앞에서 발을 동동 구르며 어찌할 바를 몰랐습니다. 아프로디테가 다가와 에일레이티이아를 재촉했습니다.

"이 둥치 안에 정말로 사람의 아이가 들어 있다니까요. 어서 아이를 꺼내 줘요."

"저도 이런 일은 처음이라…….."

에일레이티이아는 떨리는 두 손을 나무둥치에 갖다 댄 채 눈을 감고 주문을 외웠습니다. 그 순간 나무의 밑동이 쩍 갈라졌습니다.

"저것 봐요. 아이예요!"

아프로디테가 소리쳤습니다. 에일레이티이아는 포대기로 아이를 감싸 안았습니다. 마침내 사내아이가

스미르나의 도주와 출산
스미르나가 아버지의 칼을 피해 도망치고 있다. 오른쪽에는 몰약나무가 된 스미르나의 몸에서 아기를 꺼내는 모습이 그려져 있다.
■ 우르비노, 〈스미르나 이야기〉, 접시.

우렁차게 울음을 터뜨렸습니다.

아도니스는 이렇게 몰약나무 둥치에서 태어났습니다. 그를 낳은 몰약나무는 원래 아시리아의 공주 스미르나입니다. 그녀가 임신 중에 몰약나무가 된 것은 아프로디테 때문입니다.

스미르나는 빼어난 미인으로 주위에 소문이 자자했습니다. 그녀의 아버지 테이아스 왕은 만나는 사람마다 딸 자랑을 늘어놓았습니다.

"내 딸이 아프로디테 여신보다 훨씬 아름다울걸."

스미르나를 본 사람들은 고개를 끄덕였습니다. 스미르나는 사람들의 칭송에 하루가 다르게 콧대가 높아졌습니다. 그녀는 아프로디테 축제일에도 신전을 찾지 않았습니다.

"내가 굳이 신전까지 가서 기도할 필요가 있겠어? 난 여신이 도와주지 않아도 멋진 사랑을 할 거야. 그만큼 미모가 뛰어나니까."

스미르나는 아프로디테에게 꽃이며 제물을 바치는 처녀들을 비웃었습니다. 아프로디테는 그 사실을 알고 스미르나에게 저주를 내렸습니다.

"흥! 너는 멋진 사랑을 하기는커녕 집에서 쫓겨나게

될 것이다."

여신의 저주는 머지않아 그대로 이루어졌습니다.

스미르나는 아버지를 속이고 처녀의 몸으로 아이를 가졌습니다. 아버지는 화를 참다못해 딸을 죽이려 했지요. 스미르나는 밤을 틈타 왕궁에서 도망쳤습니다.

스미르나는 아시리아를 떠나 낯선 땅을 떠돌았습니다. 그녀는 빌어먹고 한뎃잠을 자느라 몸이 몹시 약해졌습니다. 그런데도 배는 점점 더 불러 왔습니다.

"신이시여, 더는 한 발짝도 못 떼겠어요. 저는 이 자리에서 죽어도 좋습니다. 그렇지만 가엾은 제 아이만은 살려 주세요."

그녀는 벌판에 주저앉아 간절히 기도했습니다. 이 기도를 들은 아프로디테는 마음이 아팠습니다. 여신은 곧 자신이 내린 저주를 거두고 스미르나를 몰약나무로 만들었습니다.

사람들은 아이를 길러 낸 몰약나무를 신성하게 여겼습니다. 몰약나무에서 나오는 노란 나무즙이 바로 몰약인데 스미르나가 아

아도니스의 탄생

아도니스는 스미르나가 변한 몰약나무에서 태어났다. 아이를 안은 에일레이티이아 뒤로 여인의 모습을 한 몰약나무가 서 있다.

■ 마르칸토니오 라이몬디, 〈아도니스의 탄생〉

꽃이 된 아도니스 89

몰약나무
몰약나무의 나무즙인 몰약은 향이 좋아서 향료나 화장품의 원료로 쓰인다. 또 몸이 붓거나 상처가 났을 때 약으로 쓰이기도 한다.

들을 그리워하며 흘리는 눈물이라고 생각했습니다. 덕분에 몰약은 스미르나가 살던 소아시아와 중동에서 귀한 대접을 받았지요.

아프로디테는 갓 태어난 아도니스를 바라보며 감탄했습니다.

"어쩌면 이리도 잘생겼을까? 널 길러 줄 만한 이를 찾아봐야겠구나."

아프로디테는 고민 끝에 아도니스를 안고 지하 세계의 왕비 페르세포네를 찾아갔습니다. 페르세포네는 아이를 보더니 환한 미소를 지었습니다.

"세상에, 이렇게 예쁜 아이는 처음 봐요. 제가 잘 키워 드릴게요."

페르세포네는 흔쾌히 아도니스를 맡았습니다.

아도니스는 지하의 왕궁에서 페르세포네의 사랑을 한껏 받으며 자랐습니다. 어느덧 세월이 흘러 그는 아름다운 청년이 되었습니다.

어느 날 아프로디테가 아도니스를 데리러 지하 세계로 왔습니다. 그런데 페르세포네가 아프로디테를 막아서며 말했습니다.

"아도니스는 제 아들과 같아요. 그를 보낼 수 없습

니다."

아프로디테는 어처구니가 없었습니다. 그렇다고 맞서 싸울 수도 없었습니다. 아프로디테는 제우스를 찾아가 하소연했습니다. 제우스는 두 여신의 싸움을 말리려고 한 가지 꾀를 냈습니다.

아프로디테와 아도니스
아프로디테와 아도니스는 서로 첫눈에 반해 사랑에 빠진다. 아도니스는 히브리어로 주님을 뜻하는 '아도나이'에서 나온 말이라고 전해진다.
아프로디테의 영어 이름은 비너스이다.
■ 야코프 아드리안스 바커르, 〈비너스와 아도니스〉

"일 년 가운데 처음 네 달은 지하 세계에서 살고, 다음 네 달은 땅 위에서 지내게 하면 어떠냐?"

"그럼 나머지 네 달은요?"

"그야 아도니스 마음대로 하게 두려무나. 그도 다 큰 청년이 아니냐."

제우스의 말대로라면 두 여신은 적어도 네 달씩은 아도니스를 볼 수 있습니다. 아프로디테는 페르세포네를 다시 찾아가 그대로 제안했습니다. 페르세포네도 그 제안을 받아들였습니다.

아도니스는 일 년의 첫 네 달을 지하 왕궁에서 보냈습니다. 아도니스가 지하에 있는 동안 땅 위의 세상은 겨울이었지요. 아프로디테는 겨울이 지나기를 손꼽아

아프로디테와 에로스

아프로디테는 미의 여신답게 거울을 보는 모습으로 자주 표현되었다. 화살집을 멘 에로스가 거울을 받치고 있다.

■ 디에고 벨라스케스, 〈거울 앞의 비너스〉

기다렸습니다.

"곧 봄이 올 테니 아도니스를 만날 수 있겠구나."

이윽고 봄이 되어 따스한 바람이 불었습니다. 여신이 늦은 잠에서 깨어나 기지개를 켜는데 에로스가 언제나처럼 활과 화살을 들고 방 안으로 들어왔습니다.

"어머니, 이제야 일어나셨어요? 저는 벌써 활쏘기 연습을 끝냈어요."

에로스는 아프로디테에게 다가가 볼에 입을 맞추었습니다. 그때 갑자기 아프로디테가 짧은 비명을 질렀습니다.

"아얏!"

에로스의 금 화살촉이 아프로디테의 가슴을 스친 거예요.

"조심하지 않고!"

여신은 앞섶을 여미며 얼굴을 찡그렸습니다. 에로스의 화살에 찔린 여신의 마음속에는 이미 사랑의 씨앗이 심어졌습니다. 에로스의 화살은 신에게도 예외가 없었지요.

> **아도니스 증후군**
> '아도니스 증후군'은 남성들이 외모에 집착하는 증세를 가리킨다.
> 아름다운 청년 아도니스와 외모를 중시하는 사회 풍조에 따라 생겨난 말이다. 다른 말로 '아도니스 콤플렉스'라고도 한다.

며칠 뒤 아프로디테는 백조들이 끄는 수레를 타고 아도니스를 마중 나갔습니다. 얼마 지나지 않아 지하 세계의 묵직한 청동 문이 열리고 아도니스가 나타났습니다.

아도니스는 밝은 햇살을 받아 눈부시게 아름다웠습니다. 순간 여신은 그에게 사랑을 느꼈습니다. 아도니스도 아프로디테를 보고 첫눈에 반했습니다. 아프로디테는 그가 지금껏 만난 여신들 가운데 가장 아름다워 보였습니다.

암브로시아와 넥타르를 먹고 마시는 신들은 늙지 않기 때문에 아프로디테는 언제나 처녀의 모습 그대로였지요.

"아도니스, 내가 널 얼마나 기다린 줄 아느냐?"

여신은 아도니스를 안고 뺨에 입을 맞추었습니다.

아프로디테와 아도니스는 숲에서 사냥을 하며 지냈습니다. 아프로디테는 멧돼지나 곰 같은 사나운 짐승은 피하고 산토끼나 사슴 같은 작고 순한 짐승만 골라서 잡았습니다. 여신에게 사냥은 아도니스와 단둘이 시간을 보내기 위한 핑계일 뿐이었으니까요.

아프로디테는 그와 함께 있는 동안 세상의 모든 일

을 잊을 만큼 행복했습니다.

그렇게 네 달이 순식간에 지나갔습니다. 이제 아도니스가 남은 네 달을 어디에서 살지 선택할 시간이 다가왔습니다.

아프로디테가 아도니스에게 넌지시 물었습니다.

사냥을 말리는 아프로디테
아프로디테가 사냥하러 가는 아도니스를 붙잡고 있다. 아도니스가 사나운 짐승에게 당할 것을 예감했던 것일까?
■ 베첼리오 티치아노, 〈비너스와 아도니스〉

"앞으로 네 달은 어디서 보낼지 생각해 보았느냐?"

"어두운 지하 세계로 돌아가기 싫습니다. 여기서 이대로 지내고 싶어요."

아도니스의 말에 아프로디테는 몹시 기뻤습니다. 둘은 그대로 숲에서 지내며 행복한 나날을 보냈지요.

아프로디테에게는 한 가지 근심이 있었습니다. 사냥을 좋아하는 아도니스가 사나운 짐승에게 공격이라도 받을까 봐 늘 마음을 졸였지요. 여신은 틈만 나면 그에게 당부했습니다.

"사람과 맞서려는 사나운 짐승은 반드시 피해야 한다. 네게 혹시 무슨 일이라도 생긴다면 나는 견딜 수 없을 거야."

"그런 짐승을 잡는 것이야말로 진짜 사냥이지요. 지

금의 사냥은 너무 시시해요."

"아도니스, 네 목숨이 위험해질 수도 있어."

아도니스는 아프로디테의 충고를 건성으로 들으며 고개만 끄덕였습니다.

하루는 아프로디테가 올림포스에 다녀올 일이 생겼습니다. 여신은 아도니스와 잠시라도 헤어지는 것을 아쉬워하며 길을 나섰습니다.

아도니스는 이 기회를 놓칠세라 사냥개들을 이끌고 숲으로 갔습니다. 사냥개들이 짐승의 냄새를 맡았는지 요란하게 짖으며 숲 속으로 뛰어들었습니다.

"후유, 개들은 엄청 빠르군."

아도니스는 사냥개를 겨우겨우 쫓아가며 가쁜 숨을 몰아쉬었습니다.

바로 그때였습니다.

갑자기 커다란 멧돼지가 쏜살같이 달려왔습니다. 사냥개들이 멧돼지의 뒤를 바싹 쫓았지요.

"드디어 내 사냥 솜씨를 발휘할 때가 왔구나."

그는 신이 나서 창을 겨누며 마주 달렸습니다. 멧돼지와 부딪칠 만큼 가까워졌을 때, 그가 옆으로 몸을 틀며 창으로 멧돼지를 냅다 찔렀습니다.

"이얍!"

그의 창이 멧돼지의 옆구리에 꽂혔습니다. 멧돼지는 몇 걸음을 옮기지 못하고 땅에 철퍼덕 쓰러졌습니다.

"좋았어, 바로 이거야!"

아도니스는 환호하며 멧돼지에게 다가갔습니다. 순간 죽은 듯 쓰러져 있던 멧돼지가 벌떡 일어나 콧김을 쉭쉭 내뿜었습니다.

아도니스는 잔뜩 겁에 질려 창이고 활이고 다 내던지고 걸음아 날 살려라 도망쳤지요. 멧돼지는 그를 단숨에 따라잡아 엄니로 그의 등을 힘껏 받았습니다.

"쿵!"

아도니스의 몸이 공중으로 붕 떠올랐다가 땅에 떨어졌습니다.

"으으으……."

아도니스는 하늘을 향해 처절한 신음을 내뱉으며 죽어 갔습니다. 때마침 아프로디테가 하늘을 날다가 그 소리를 들었습니다. 아프로디테는 부리나케 수레를 돌려 땅으로 내려왔습니다.

여신이 아도니스의 머리를 안아 올렸을 때, 그는 이미 숨을 거둔 뒤였습니다.

멧돼지의 습격

아도니스가 멧돼지에게 공격당하는 순간이 생생하게 묘사되어 있다.

■ 주세페 마추올리, 〈아도니스의 죽음〉

"아도니스, 안 돼!"

아프로디테는 아도니스를 애타게 부르며 하염없이 눈물을 흘렸습니다. 여신은 아도니스를 땅에 묻고도 무덤 곁을 떠나지 못했습니다.

"이대로 그냥 보낼 수는 없어."

아프로디테는 땅에 배어 있는 아도니스의 피를 손으로 쓸었습니다. 그러자 땅에서 새싹이 돋고 자라더니 붉은 꽃이 피어났습니다.

그때 한 줄기 바람이 불어와 꽃을 흔들었습니다. 붉은 꽃잎은 금세 꽃자루에서 떨어져 날아갔습니다. 꽃은 아도니스처럼 눈부시게 아름다우면서도 연약하기만 했습니다.

"이 꽃이 꼭 너와 같구나!"

아프로디테는 흩어진 꽃잎을 바라보며 다시 뜨거운 눈물을 흘렸습니다.

아도니스가 죽어서 피어난 붉은 꽃이 바로 아네모네입니다. 아네모네는 아름다운 꽃이지만 산들바람만 불어도 꽃잎이 힘없이 떨어지지요. 그래서 아네모네를 바람꽃이라고도 합니다.

사람들은 아도니스를 죽인 멧돼지를 두고 수군거렸

아네모네

4~5월에 빨간색, 흰색, 하늘색, 노란색, 자주색 등의 꽃이 홑꽃 또는 겹꽃으로 핀다. 지중해 연안이 원산지이고, 꽃말은 '사랑의 괴로움'이다.
그리스 로마 신화에 따르면 아도니스가 죽으면서 흘린 피에서 '붉은 아네모네'가 생겨났다.
아네모네는 그리스어로 바람을 뜻하는 '아네모스'에서 나온 말이다.

습니다.

"전쟁의 신 아레스가 멧돼지로 변해서 아도니스를 죽였다는군. 자신의 연인 아프로디테를 아도니스에게 빼앗기자 복수를 한 거지."

"쯧쯧, 연인을 빼앗은 이에게 한 복수치고는 너무 잔인한걸."

사람들은 아네모네가 필 때면 아도니스를 기리는 축제를 열었습니다. 또 아도니스와 아프로디테의 조각상을 나란히 세우고 제사를 지내며 그들의 안타까운 사랑을 기억했습니다.

아도니스는 영혼이 되어서도 지하 세계와 땅 위를 오가며 살았습니다. 네 달은 지하 왕궁에 머물고 봄이 되면 땅 위로 솟아나 여덟 달을 화초로 지냈습니다.

아도니스 축제

고대 아시리아의 비블로스 지방에서는 해마다 4월이면 아도니스 축제를 열었다. 봄이 오면 아네모네 꽃씨를 화분에 심었다가 꽃이 시들면 아도니스의 죽음을 슬퍼하며 꽃상여를 만들어 성대하게 장례를 지냈다고 한다. 아도니스 축제는 죽음과 같은 겨울에서 벗어나 대지가 부활하기를 바라는 계절 축제로 전해 내려오고 있다.

신화 갤러리 5

▲ **비너스의 탄생**
아프로디테가 키프로스 섬에 처음으로 발을 딛는 순간을 표현했다. 아프로디테의 로마식 이름은 베누스, 영어 이름은 비너스이다.
■ 산드로 보티첼리, 〈비너스의 탄생〉

아름다움의 상징, 아프로디테

사랑과 미의 여신 아프로디테는 서양의 화가와 조각가에게 끊임없는 탐구의 대상이었습니다. 사랑과 아름다움이야말로 인간의 가장 큰 관심거리이기 때문입니다.

밀로스 섬에서 발견된 〈밀로의 비너스〉는 아프로디테의 조각상 가운데 균형미, 신비감, 중후함 등이 단연 돋보이는 수작으로 손꼽힙니다. 이탈리아의 화가 산드로 보티첼리가 그린 〈비너스의 탄생〉은 아프로디테의 알몸과 수줍은 듯 고개를 살짝 기울인 모습에서 고귀함이 느껴는 세계적인 걸작이지요.

고대의 여신은 '풍요와 다산'의 상징으로 작품 속에서 가슴이나 배가 과장된 모습으로 그려졌지만, 아프로디테가 등장하면서 여성은 '아름다움의 상징'으로 표현되었습니다.

▶ **밀로의 비너스**
밀로스 섬에서 발견되어 '밀로의 비너스'라고 불린다.
■ 서기전 2세기, 조각.

그리스의 삼신할머니

예로부터 우리나라에서는 삼신할머니가 출산을 돕는다고 믿었습니다. 고대 그리스에는 에일레이티이아 여신이 출산을 맡았지요. 에일레이티이아는 헤라의 딸로 출산을 돕거나 방해하는 능력을 지녔습니다. 그녀는 제우스의 머리에서 아테나 여신이 태어날 때나 몰약나무에서 아도니스가 태어날 때 출산을 도왔습니다. 반면에 에일레이티이아의 방해로 레토 여신은 아르테미스와 아폴론을 무려 구 일이나 늦게 낳았으며, 알크메네는 헤라클레스를 낳기 위해 일주일 동안 밤낮으로 진통을 겪었지요.

이처럼 동서양을 막론하고 사람들은 출산의 신이 존재한다고 믿었습니다. 여기에는 출산의 고통과 어려움을 절대자에게 의지해 수월하게 넘기려는 인간의 간절한 소망이 담겨 있습니다.

▲ **출산을 돕는 에일레이티이아**
제우스의 머리에서 아테나 여신이 태어나고 있다. 제우스의 옆에서 에일레이티이아가 이를 돕는다. 에일레이티이아의 로마식 이름은 루키나이다.
■ 고대 그리스 시대, 항아리.

◀ **레토의 출산**
레토(오른쪽에서 두 번째)는 제우스와의 사이에서 쌍둥이 아르테미스(맨 왼쪽)와 아폴론(맨 오른쪽)을 낳았다. 에일레이티이아(한가운데)의 도착이 늦어져서 레토의 출산이 늦어졌다.

[6장]
에로스와 프시케

　한 왕국에 미인으로 소문난 세 공주가 살았습니다. 그중에서도 막내 프시케가 가장 아름다웠지요.

　프시케의 두 언니는 수많은 구혼자 중에서 신랑감을 골라 결혼했습니다. 그런데 프시케에게는 청혼하는 청년이 아무도 없었습니다. 사람들 사이에 이상한 소문이 떠돌았기 때문입니다.

　"프시케 공주는 아프로디테 여신이 사람으로 태어난 거라더군요."

　"그럴지도 몰라요. 제가 봐도 얼마나 아름다운지 사람 같지 않던데요."

　청년들은 프시케를 여신으로 여겨 청혼할 엄두조차

내지 못한 것이지요.

그 소문이 아프로디테의 귀에까지 들어갔습니다.

"흥! 감히 프시케 따위가……. 참으로 어이없구나."

여신은 질투심에 사로잡혀 에로스를 불렀습니다.

"프시케가 세상에서 가장 못생긴 남자와 사랑에 빠지게 만들어라."

"프시케가 소문을 낸 것도 아닌데 짓궂으시네요."

에로스는 왠지 신이 나서 싱글벙글거리며 프시케가 사는 왕궁으로 날아갔습니다.

프시케는 시녀들과 정원을 거닐고 있었습니다. 에로스는 금세 프시케를 알아보았지요.

'와, 정말 아름답구나! 어머니께서 샘내실 만도 해.'

에로스는 자신의 할 일을 까맣게 잊은 채 넋을 잃고 프시케를 바라보았습니다. 그의 가슴이 쿵쿵 방망이질 쳤지요. 그는 가슴에 손을 갖다 대다가 그만 금 화살촉에 가슴을 찔렸습니다.

"아얏!"

에로스는 따끔거리는 아픔을 느꼈습니다.

프시케에게 반한 에로스
에로스는 프시케를 본 순간 사랑에 빠진다.
에로스는 보통 활과 화살집을 갖고 다니는 어린아이로 표현되지만, 프시케와의 사랑 이야기에서는 청년의 모습이다.

■ 프랑수아 제라르, 〈에로스와 프시케〉

그 아픔은 곧 프시케를 향한 사랑으로 바뀌었습니다. 남을 사랑에 빠뜨릴 줄만 알던 그가 사랑에 빠진 것은 이번이 처음이었지요.

'어머니, 이번만은 어머니의 뜻에 따를 수 없겠어요. 제 사랑을 만났으니까요.'

에로스는 날이 저물도록 궁전 주변을 떠나지 못했습니다. 그는 프시케의 뒤를 졸졸 따라다니다가 우연히 그녀의 부모가 나누는 대화를 엿들었습니다.

"후유, 프시케가 어서 좋은 짝을 만나야 할 텐데 걱정이오."

"아폴론 신의 신탁을 받아 보면 어때요?"

"오호, 좋은 생각이오. 내가 내일 당장 델포이로 가리다."

왕의 말에 에로스가 흐뭇한 미소를 지었습니다.

'그렇다면 내가 먼저 아폴론을 만나야겠군.'

에로스는 곧장 올림포스로 날아갔습니다. 예전에 에로스는 자신을 놀리는 아폴론에게 화가 나서 그를 요정 다프네와 이룰 수 없는 사랑에 빠뜨린 적이 있습니다.

그때를 생각하면 아폴론을 찾아가는 것이 망설여졌

> **프시케의 의미**
>
> 프시케의 이름에는 '나비' 또는 '영혼'이라는 뜻이 담겨 있다.
> 고대 그리스인들은 죽은 사람의 영혼이 나비가 되어 날아간다고 믿었다.

습니다. 하지만 지금 그에게는 프시케와의 사랑을 이루는 것이 훨씬 더 중요했지요. 그는 아폴론에게 모든 일을 털어놓고 도움을 구했습니다.

"부디 프시케의 아버지에게 제가 부탁한 대로 말해 주세요."

"하하하, 이제야 네가 내 힘을 알아보는구나."

아폴론은 크게 웃으며 흔쾌히 승낙했습니다.

얼마 뒤 프시케의 아버지가 아폴론 신전을 찾았습니다.

"신이시여, 프시케의 앞날이 어찌될는지요?"

아폴론은 신녀 대신 직접 모습을 나타내 잔뜩 겁을 주었습니다.

"어허, 네 딸의 목숨이 위태롭구나."

"네? 제발 제 딸을 살릴 방법을 알려 주십시오."

왕이 아폴론 앞에 넙죽 엎드려 호소하자 아폴론은 왕의 어깨를 두드리며 말했습니다.

"네 딸에게 신부 옷을 입혀 네 왕국에서 가장 높은 산꼭대기에 데려다 놓아라. 누군가 그녀를 데려갈 것이다. 그가 누구인지 절대로 알려고 하지 마라. 그의 얼굴을 보는 순간, 네 딸은 불행해질 것이다."

아폴론은 이 말을 남기고 연기처럼 사라졌습니다.

왕은 하는 수 없이 신탁을 그대로 따랐습니다. 왕과 왕비는 산을 오르는 내내 흐느끼고 프시케도 목 놓아 울었습니다. 그들은 마치 장례를 치르듯 슬퍼했지요.

사람들이 프시케만 남겨 두고 산을 내려갔습니다. 프시케는 갑자기 두려움에 사로잡혔습니다. 그때 거센 돌개바람이 몰아쳐 프시케를 휘감더니 공중으로 번쩍 들어 올렸습니다. 바로 서풍의 신 제피로스였습니다.

"아악, 살려 줘요!"

제피로스는 프시케의 외침에도 아랑곳없이 그녀를 실어다 깊은 골짜기에 내려놓았습니다. 골짜기에는 울긋불긋한 꽃들이 가득 피어 있고 새와 나비들이 춤추며 날았습니다.

"우리 왕국에 이렇게 아름다운 곳이 있을 줄이야."

프시케는 꽃향기에 취해 숲 속으로 천천히 걸어 들어갔습니다. 곧이어 대리석으로 지은 커다란 궁전이 나타났습니다. 그녀가 문 앞으로 다가가자 웬 남자의

바람에 실려 가는 프시케

서풍의 신 제피로스가 프시케를 에로스의 궁전으로 데려다 준다.
아래에서 바라본 시선이 인상적이다.

■ 리날도 만토바노, 〈바다 너머로 프시케를 옮기는 제피로스〉

다정한 목소리가 들렸습니다.

"어서 와요, 프시케. 이제 여기가 그대의 집이오."

문이 스르르 열리자 프시케는 목소리에 이끌리듯 안으로 들어섰습니다. 궁전의 벽은 온통 보석으로 되어 있고 바닥에는 황금이 깔려 있었지요. 다시 다정한 목소리가 속삭이듯 들려왔습니다.

"모든 게 준비되어 있으니 편히 쉬시오. 밤에 그대의 신랑이 올 거요. 이곳은 밤에 불을 켜지 않으니 놀라지 마시오."

프시케는 고개를 끄덕였습니다. 다정한 목소리가 그녀의 마음에서 두려움을 없애 주었지요.

밤이 되자 궁전 안은 칠흑 같은 어둠뿐이었습니다. 프시케는 신부 옷을 입고 침대에 걸터앉았습니다. 그때 누군가 방 안으로 들어왔습니다.

"프시케, 내 궁전에 와 줘서 고맙소."

그녀가 이곳에 도착한 순간부터 말을 건네던 다정한 목소리, 바로 에로스였습니다. 그는 어둠 속에 있는 프시케에게 다가가 손을 잡았습니다.

"그대를 이렇게 신부로 맞이하다니 꿈만 같소."

에로스의 손길에서 사랑의 기운이 전해졌습니다.

아침마다 떠나는 에로스

에로스는 매일 아침 잠든 프시케를 남겨 두고 떠났다. 사랑하는 이를 두고 가는 아쉬움이 남는지 에로스가 뒤를 돌아본다.

■ 프랑수아 에두아르 피코, 〈에로스와 프시케〉

프시케는 그의 얼굴을 볼 수 없었지만 왠지 조금도 두렵지 않았습니다. 오히려 오래전부터 알던 사람을 다시 만난 듯 그가 친근하게 느껴졌습니다.

에로스는 아프로디테에게 결혼을 허락받기 전에 이곳에서 프시케와 몰래 살기로 했습니다. 그전에 자신의 정체를 밝히지 않은 채 프시케의 사랑을 시험해 보고 싶었습니다.

"프시케, 때가 되면 그대에게 내 모습을 보여 줄 것이오. 그때까지 날 믿고 기다려 줄 수 있겠소?"

"그렇게 해 볼게요."

프시케는 어둠 속에서 고개를 끄덕였습니다.

둘은 그렇게 캄캄한 밤에 불을 켜지 않은 채 만났습니다. 프시케는 밤마다 에로스와 행복한 시간을 보내고 낮에는 궁전을 구경하거나 산책했습니다.

한동안은 하루하루가 꿈처럼 흘러갔습니다. 하지만 날이 갈수록 프시케는 가족이 그리웠습니다.

어느 날 밤, 그녀는 에로스에게 속마음을 털어놓았

습니다.

"어머니와 아버지가 보고 싶어요. 두 언니의 소식도 궁금하고요."

"당신이 옛날 집으로 돌아갈 수는 없으니 내가 두 언니를 불러 주겠소. 단 언니들에게 내 얘기는 비밀로 해야 하오."

"네, 그럴게요."

프시케는 뛸 듯이 기뻤습니다.

이튿날 에로스는 프시케의 언니들을 몰래 찾아가 편지를 두고 왔습니다. 언니들은 편지에 적힌 대로, 프시케가 그랬듯이 서풍을 타고 에로스의 궁전에 도착했습니다. 언니들은 휘황찬란한 궁전을 보고 벌어진 입을 다물지 못했습니다.

프시케는 언니들을 반갑게 맞이했습니다. 그녀는 언니들을 만난 기쁨에 에로스의 당부를 까맣게 잊고 자랑을 늘어놓았습니다. 언니들은 호화롭고 행복하게 사는 프시케에게 질투를 느꼈습니다.

"어머나, 이제까지 남편 얼굴을

프시케의 언니들

프시케의 언니들은 에로스의 궁전에 도착해 값비싼 물건들을 구경하느라 정신이 없다. 그녀들은 프시케를 질투해 프시케가 그녀의 남편이 괴물일 것이라는 의심을 품게 한다.

■ 장 오노레 프라고나르, 〈언니들에게 에로스의 선물을 보여 주는 프시케〉

한 번도 못 봤단 말이야?"

"혹시 네 남편이 괴물이라서 모습을 숨기는 것 아닐까? 오늘 확인해 보고 사실이면 이 칼로 없애."

작은언니에 이어 큰언니가 프시케를 꾀더니 품에서 칼을 꺼내 주었습니다. 프시케는 머뭇거리며 칼을 받았습니다. 언니들은 프시케의 마음에 두려움과 의심을 잔뜩 심어 주고 돌아갔습니다.

그날 밤 프시케는 에로스가 잠들기를 기다렸다가 침대에서 일어났습니다. 그녀는 칼을 들고 에로스에게 다가가 등불을 비추었지요. 그 순간, 그녀는 깜짝 놀라서 그만 칼을 바닥에 떨어뜨렸습니다.

"쨍그랑!"

큰 소리에도 에로스는 다행히 깨어나지 않았습니다. 프시케의 입에서 안도의 한숨과 함께 감탄이 흘러나왔습니다.

"아, 어쩜 이리도 잘생겼을까?"

그녀는 이리저리 살펴보다가 에로스의 황금빛 날개를 보았습니다.

'내 남편이 에로스였구나! 어쩌면 좋아. 내가 이런 분을 괴물이라고 의심했다니…….'

프시케는 에로스의 당부를 저버린 자신이 부끄러웠습니다. 그녀는 바닥에 떨어진 칼을 주우려고 허리를 굽혔습니다. 그 바람에 등불에서 뜨거운 기름 한 방울이 에로스의 어깨 위에 떨어졌지요.

"앗, 뜨거워!"

에로스가 눈을 뜨며 몸을 벌떡 일으켰습니다. 그는 등불과 칼을 든 프시케를 보고 무슨 일이 벌어졌는지 알아챘습니다.

"그대는 참으로 어리석구려. 내가 그토록 부탁했건만……."

에로스는 프시케에게 원망의 눈길을 보내다가 날개를 펴더니 훌쩍 날아갔습니다. 그 뒤로 다시는 궁전에 돌아오지 않았습니다.

프시케는 궁전을 떠나 산으로 들로 에로스를 찾아다녔습니다. 하지만 에로스는 그 어디에도 없었지요.

프시케의 소문을 들은 두 언니는 자신들이 에로스의 궁전에서 살고 싶었습니다. 언니들은 예전처럼 산꼭대기에 올라 바람결에 몸을 맡겼습니다.

서풍의 신 제피로스가 그녀들의 못된 마음을 눈치채고 이를 못 본 척했습니다. 결국 언니들은 낭떠러지로 떨어져 목숨을 잃었습니다.

프시케는 신들에게 간절히 기도했습니다. 신들은 아프로디테의 눈치를 보며 그녀를 외면했습니다. 가정을 수호하는 헤라만이 프시케를 불쌍히 여겼습니다.

'남편을 만나려는 마음이 간절하니 작은 도움이라도 줘야겠구나.'

헤라는 프시케를 들어 올려 아프로디테의 궁전으로 데려다 주었습니다.

프시케는 아프로디테 앞에 나아가 그동안의 일을 낱낱이 얘기하고 눈물로 호소했습니다.

"흑흑, 제게 어떤 벌을 내리셔도 달게 받겠어요. 대신 에로스를 한 번만이라도 볼 수 있게 해 주세요."

아프로디테는 프시케를 한참 내려다보더니 차갑게 말했습니다.

"그렇다면 너에게 네 가지 과제를 주겠다. 만일 하나라도 실패하면 여기서 내쫓기는 것은 물론이고, 다시는 에로스를 볼 생각 마라."

여신은 프시케를 창고로 데려

과제를 받는 프시케

아프로디테는 자기 몰래 에로스와 결혼한 프시케를 괘씸히 여겨 해결하기 어려운 네 가지 과제를 내린다.

■ 루카 조르다노, 〈프시케를 벌주는 아프로디테〉

갔습니다. 그 안에는 밀이며 보리, 콩 같은 곡물들이 뒤섞여 있었지요.

"오늘 안에 이 곡물들을 마지막 한 톨까지 종류별로 가려 놓아라."

프시케는 당황해서 어찌할 바를 몰랐습니다. 며칠이 걸려도 다 해낼 수 없는 어마어마한 양이었거든요.

바로 그때, 개미 떼가 창고 안으로 줄지어 들어왔습니다. 그녀를 안타깝게 여긴 올림포스 궁전의 개미들이 그녀를 도우러 온 거예요.

개미들은 곡물의 낱알을 하나씩 나눠 옮겼습니다. 그 일은 해가 지기도 전에 다 끝났습니다.

다음 날 아프로디테가 곡물들이 착착 정리되어 있는 것을 보고 눈이 둥그레졌습니다.

"흥, 제법이로구나. 오늘은 양들의 황금 털을 모두 벗겨 와야 한다."

프시케는 양 떼가 사는 골짜기로 갔습니다. 눈이 시뻘건 양들이 입에서 핏물을 뚝뚝 흘리고 있었습니다. 그곳 양들은 짐승과 사람을 잡아먹는 괴물이었지요. 프시케는 겁에 질려 얼른 나무 뒤로 숨었습니다.

어느덧 해가 뉘엿뉘엿 지기 시작했습니다. 프시케

가 겨우 용기를 내어 앞으로 나서려는데 어디선가 나지막한 목소리가 들렸습니다.

"양들은 해가 지면 황금 털을 벗어 가시덤불 속에 숨겨 둡니다."

프시케는 주위를 두리번거리며 목소리의 주인을 찾았습니다. 그것은 바로 바람결에 흔들리는 갈대였습니다. 갈대는 하루 종일 떨고 있는 프시케가 불쌍해 양들의 비밀을 알려 주었지요.

프시케는 해가 완전히 지기를 기다렸다가 무사히 황금 양털을 가져왔지요. 이번에도 아프로디테는 깜짝 놀랐습니다.

"어디 다음 일도 해내는지 두고 보자."

다음 과제는 험한 바위 사이로 흐르는 검은 계곡물을 길어 오는 것입니다. 아프로디테는 프시케를 계곡 위에 내려놓고 가 버렸습니다.

"저기까지 어떻게 내려간담?"

프시케는 까마득하게 깊은 계곡 아래를 내려다보며 발을 동동 굴렀습니다. 그사이에 해는 쉬지 않고 서쪽으로 기울었습니다. 프시케는 바위 위에 앉아 한숨을 내쉬었습니다.

"휴, 이대로 모든 게 물거품이 되겠구나."

그때 어디선가 커다란 독수리가 날아왔습니다. 독수리는 그녀 앞에 놓인 물병을 입에 물고 계곡 아래로 내려가 물을 길어 주었습니다.

아프로디테가 프시케를 내쫓으려고 신이 나서 왔다가 계곡물이 가득 찬 물병을 보았습니다.

프시케를 돕는 독수리
제우스의 상징인 독수리가 프시케를 도와 물병에 검은 계곡물을 떠 온다.

■ 페터 파울 루벤스, 〈제우스와 프시케가 있는 풍경〉

"흥! 마지막 일만은 절대 해내지 못할 것이다."

여신의 말대로 네 번째 과제는 살아 있는 사람이 하기 어려운 일이었습니다. 지하 세계의 왕비 페르세포네를 찾아가 미의 비밀이 든 상자를 가져오는 심부름이었으니까요.

프시케는 절망했습니다. 그녀는 아프로디테 궁전에 있는 높은 탑으로 올라가 아득히 먼 땅을 내려다보았습니다.

"아아, 에로스! 내 사랑을 지켜봐 주세요."

그녀는 탑의 난간 위로 올라섰습니다. 그녀가 땅으로 몸을 던지려는 찰나, 우렁우렁 울리는 목소리가 들렸습니다.

"프시케 님, 절대로 포기하지 마세요."

목소리의 주인은 탑이었습니다.

"죽기 전에는 지하 세계로 갈 방법이 없잖아요."

"제가 지하 세계로 가는 길을 알려 드릴게요."

탑은 지하 세계로 이르는 길과 돌아오는 길, 조심해야 할 것들을 자세히 알려 주었습니다.

프시케는 아프로디테에게 부탁해 펠로폰네소스 반도로 갔습니다. 그곳에서 탑이 알려 준 동굴을 찾아 지하 세계로 내려갔습니다. 그녀의 옷 안주머니에는 동전 두 닢과 딱딱한 빵 세 개가 들어 있었지요.

프시케는 카론에게 동전 한 닢을 주고 아케론 강을 건넜습니다. 그녀가 성문을 지날 때 케르베로스가 꼬리를 흔들며 반겼습니다. 그녀는 페르세포네를 만나 자신이 맡은 아프로디테의 심부름을 전했습니다. 페르세포네는 그녀의 용기에 감탄했습니다.

"산 사람의 몸으로 여기까지 오다니 네 사랑이 눈물겹구나."

페르세포네는 프시케에게 금으로 만든 작은 상자를 건넸습니다. 프시케는 상자를 들고 황급히 왕궁을 나섰습니다. 아무리 왕궁이라고 해도 지하 세계에는 잠시도 머물고 싶지 않았기 때문이지요.

프시케가 막 성문을 나서려는데 케르베로스가 으르렁거리며 달려들었습니다. 케르베로스는 성안으로 들어오는 이는 반기지만 성 밖으로 나가는 이는 물어뜯어 먹어 치우거든요.

그녀는 딱딱한 빵 세 개를 꺼내 던졌습니다. 케르베로스의 세 입이 빵을 하나씩 덥석덥석 물었습니다. 딱딱한 빵은 케르베로스의 입안으로 들어가 목구멍을 틀어막았습니다.

케로베로스가 숨이 막히는지 컥컥거리며 몸부림쳤습니다. 그 틈에 프시케는 아케론 강까지 도망쳤습니다. 카론의 배가 영혼들을 내려 주고 막 떠나려는 참이었지요. 그녀는 카론에게 남은 동전을 건네고 배에 올라탔습니다.

"뱃삯을 냈으니 태워 준다만, 케르베로스를 피해 살아남은 게 놀랍구나."

카론은 차가운 바람을 일으키며 노를 저었습니다.

뱃삯을 건네는 프시케

프시케는 에로스를 만나기 위해 저승길에 올랐다.
동전 한 개를 입에 물고 양손에 케르베로스에게 줄 빵을 들고 있는 프시케.

■ 존 로댐 스펜서 스탠호프, 〈카론과 프시케〉

에로스와 프시케

마침내 프시케는 지하 동굴을 벗어나 밝은 세상으로 돌아왔습니다. 그녀의 가슴에는 페르세포네가 준 상자가 안겨 있었습니다. 상자의 금빛 꽃무늬가 햇빛을 받아 눈부시게 빛났습니다.

'이 상자 안에 미의 비밀이 들어 있다고? 그게 대체 뭘까?'

그녀는 무심결에 상자의 뚜껑을 열려다가 문득 탑의 경고를 떠올렸습니다.

"그 상자를 열면 안 됩니다. 명심하세요."

그런데 참 이상한 일입니다. 안 된다고 생각하니 호기심이 점점 더 커졌지요. 프시케는 상자 안을 들여다보고 싶어 견딜 수 없었습니다. 결국 그녀는 궁금증을 참지 못하고 상자의 뚜껑을 열었습니다.

'어? 아무것도 없잖아!'

상자 안에는 미의 비밀은커녕 돌멩이 하나도 들어 있지 않았습니다. 그녀는 기껏 빈 상자 때문에 고생했다는 생각에 헛웃음이 나왔습니다. 그런데 갑자기 하품이 쏟아지더니 엄청난 졸음이 밀려왔습니다. 그녀는 그대로 풀밭 위에 쓰러져 깊은 잠에 빠졌습니다.

미의 상자를 여는 프시케

프시케가 호기심을 참지 못해 미의 비밀이 든 상자를 열고 있다. 이 때문에 프시케는 깊은 잠에 빠졌다.
프시케의 발치에 피어 있는 꽃은 잠의 신 히프노스를 상징하는 양귀비로 상자 안의 내용물이 잠이라는 것을 암시한다.

■ 존 워터하우스, 〈황금 상자를 여는 프시케〉

에로스와 프시케

미의 상자 안에 있던 것은 바로 잠입니다. 아프로디테는 상자의 비밀을 이미 알고 있었습니다. 잠은 여신들의 젊음과 아름다움을 유지하는 비결이었으니까요.

"프시케가 아무리 재주가 좋아도 지하 세계에서 살아오긴 어려울 거야. 혹시 돌아오더라도 상자를 열어 보겠지. 사람인 그녀가 신들의 잠에 취하면 절대 깨어나지 못할걸! 호호호."

아프로디테의 짐작대로 한번 잠든 프시케는 세찬 바람과 새벽의 찬 이슬에도 깨어나지 못했습니다. 지금껏 수많은 고난을 이겨 냈지만 마지막 고비를 넘지 못한 거예요.

한편 에로스는 자신을 믿지 못한 프시케가 미웠습니다. 하지만 날이 갈수록 미움보다는 그리움이 커졌습니다. 그는 프시케가 온갖 고난을 겪고 지하 세계까지 갔다는 사실을 알고 몹시 괴로웠습니다.

'내가 먼저 그녀의 마음을 시험했으니 믿음이 없었던 건 바로 나야.'

그는 비로소 자신의 잘못을 깨닫고 프시케를 찾아 펠로폰네소스 반도를 샅샅이 뒤졌습니다. 마침내 풀밭에서 죽은 듯 잠들어 있는 그녀를 발견했지요.

"프시케! 프시케!"

에로스가 아무리 흔들어 깨워도 소용이 없었습니다. 그는 잠든 그녀를 안고 제우스를 찾아갔습니다.

"죄는 제게 있으니 부디 제 아내를 살려 주세요."

제우스는 빙그레 미소를 지었습니다.

"사랑의 화살로 걸핏하면 남을 괴롭히더니 이번엔 네가 당한 모양이로구나."

제우스는 프시케의 잠을 깨워 준 뒤에 아프로디테를 불러 설득했습니다. 신들도 저마다 에로스의 편을 들었지요. 아프로디테는 그제야 고집을 꺾고 에로스와 프시케의 결혼을 승낙했습니다.

에로스와 프시케는 올림포스에서 신들의 축하를 받으며 결혼식을 올렸습니다. 제우스는 프시케의 잔에 넥타르를 가득 부어 주었습니다. 그 덕분에 그녀는 영원한 생명을 지닌 여신이 되었지요.

사람들은 에로스와 프시케의 사랑을 세상에서 가장 아름답고 위대한 사랑으로 오래오래 기억했습니다.

잠에서 깨어나는 프시케

프시케는 에로스 덕분에 죽음 같은 잠에서 깨어나고 여신의 자리에 올랐다.

■ 안토니오 카노바, 〈에로스의 입맞춤으로 되살아난 프시케〉, 조각.

신화 갤러리 6

토실토실한 아기 천사 푸토

서양 그림에 자주 등장하는 날개 달린 어린 아이를 본 적이 있나요? 생김새는 그리스 신화의 에로스와 닮았지만 실은 에로스가 아니라 푸토랍니다.

푸토는 토실토실 살지고 발가벗은 어린아이의 모습을 하고 있습니다. 그리스 로마 신화의 에로스에서 유래되었지요. 고대 미술에서는 주로 소년 모습이었으나 르네상스와 바로크 시대에 신화적인 주제들이 되살아나면서 어린 모습으로 바뀐 거예요. 푸토는 시간이 지날수록 마치 장식처럼 변해서 종교 미술에 흔히 등장합니다.

에로스는 화살을 가진 모습인 데 반해 푸토는 하프나 나팔 등의 악기를 들고 있습니다. 또 에로스는 주로 아프로디테와 함께 표현되고, 푸토는 예수나 마리아 등과 함께 나타나지요.

▲ 에로스와 닮은 푸토
그림의 맨 아래쪽에 날개 달린 푸토들이 그려져 있다. 푸토는 에로스에서 유래되어 에로스와 생김새가 무척 비슷하다.
■ 라파엘로 산치오, 〈식스투스의 성모〉

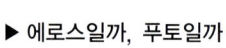

▶ 에로스일까, 푸토일까
손 아래에 화살집이 있는 것으로 보아 에로스임에 틀림없다. 에로스의 로마식 이름은 쿠피도이고, 영어로는 큐피드이다.
■ 에티엔느 팔코네, 〈사랑의 신 큐피드〉

로마 가정의 수호신

고대 그리스에서는 헤라 여신이 가정을 수호했다면, 고대 로마인들은 라레스와 페나테스에게 가정의 평화를 빌었습니다.

라레스는 고대부터 내려온 가정의 수호신이자 조상의 영혼으로 받들어졌습니다. 사람들은 집 밖으로 나간 라레스는 나쁜 영혼이 된다고 믿었습니다. 그래서 나쁜 라레스가 집으로 들어와 가족들에게 해를 끼치지 않게 사람 모양의 인형을 문간에 달아 두기도 했지요. 페나테스는 좁게는 찬장과 곳간의 수호신이며, 넓게는 집과 조상을 지키는 수호신입니다.

로마 사람들은 집 안에 사당을 만들어 라레스와 페나테스의 상을 함께 모셨지요. 이것을 '라레스 파밀리아레스'라고 부릅니다.

▲ 페나테스

가정의 수호신으로 받들어졌다. 나중에 로마의 수호신으로 숭배되어 페나테스를 모시는 일이 국가적 제사로 발전했다.
■ 고대 로마 시대, 조각.

◀ 라르

라르는 라레스의 단수형으로 흔히 손에 풍요의 뿔을 든 모습으로 표현되었다.
■ 1세기 무렵, 조각.

▲ 가정에 수호신을 모시다

고대 로마인들은 각 가정에 사당을 만들고 수호신들을 모시며 집안의 안녕을 기원했다.

[7장]
물총새가 된 왕과 왕비

트라키스의 왕 케익스는 정의와 평화를 사랑했습니다. 사람들은 그런 그를 칭송하며 따랐지요.

케익스는 알키오네 왕비와 금슬이 좋기로도 소문이 자자했습니다.

"알키오네, 당신은 땅 위에 사는 헤라요."

"호호, 왕께서는 땅 위의 제우스이시고요."

케익스와 알키오네는 틈만 나면 서로를 신과 비교하며 칭찬했습니다. 그 말은 어느새 여러 사람의 입에 오르내렸습니다.

"두 분은 제우스 신과 헤라 여신에 견주어도 부족함이 없지 뭔가."

"암 그렇고말고. 두 분 모두 신의 자손이 아닌가."

케익스는 새벽 별 에오스포로스의 아들이고, 알키오네는 테살리아의 왕인 아이올로스의 딸로서 프로메테우스의 후손입니다.

그런데 시간이 지나면서 소문의 내용이 조금씩 바뀌었습니다. 케익스와 알키오네가 자신들을 제우스와 헤라에 못지않다고 뽐낸다고 말이에요.

소문이 흘러 흘러 올림포스까지 전해졌습니다. 제우스는 화가 나서 소리를 버럭 질렀습니다.

"뭣이? 감히 사람을 신과 비교하다니 오만하다. 내 이들을 가만두지 않으리라."

그 무렵 케익스 가문에 흉흉한 일이 잇따라 일어났습니다.

케익스의 조카인 키오네는 헤르메스와 아폴론의 아들을 하나씩 낳았습니다. 두 아들은 제각기 아버지의 재주를 물려받아 한 아들은 꾀가 많고 다른 아들은 리라 연주를 잘했습니다.

키오네는 그런 아들들을 자랑스러워한 나머지 사냥이나 하는 아르테미스보다 자신이 더 잘났다며 자랑을 일삼았습니다. 그 바람에 아

키오네의 죽음

키오네는 케익스의 형인 다이달리온의 딸이다. '눈처럼 희다.'는 뜻의 이름대로 미모가 뛰어났다.
헤르메스와의 사이에서 아우톨리코스를, 아폴론과의 사이에서 필람몬을 낳고 잘난 체를 하다가 아르테미스의 화살을 맞고 숨을 거두었다.

■ 루드비 아벨린 슈, 〈키오네〉

르테미스의 화살에 목숨을 잃었지요.

케익스의 형인 다이달리온은 딸을 잃은 슬픔에 빠져 파르나소스 산에서 몸을 던졌습니다. 순간 아폴론이 그를 불쌍히 여겨 매로 바꾸어 주었습니다.

트라키스에 괴이한 일이 계속되었습니다. 케익스의 친구인 펠레우스가 소 떼를 몰고 찾아왔다가 거대한 바다 괴물에게 소들이 떼죽음을 당한 거예요. 바닷가는 소들의 주검과 피로 끔찍하게 변했지요.

케익스는 잇따른 가족의 불행과 소 떼의 죽음이 마음에 걸렸습니다. 그는 알키오네에게 속마음을 털어놓았습니다.

"이렇게 재앙이 계속되다니, 안 되겠소. 델포이로 가서 아폴론의 신탁을 받아 보리다."

"가는 길에 도적이 많아서 위험해요."

"뱃길로 가면 되오."

"육로보다 더 위험한 바닷길로 가신다고요? 그건 안 됩니다."

알키오네의 거센 만류에도 케익스는 뜻을 굽히지 않았습니다.

"우리에게는 튼튼한 배가 있으니 너무 염려하지 마

케익스를 말리는 알키오네
알키오네가 배를 타려는 남편을 말리고 있다. 알키오네는 남편이 잘못될 것을 예감했던 것일까?

■ 장 미셸 모로, 〈케익스와 알키오네〉

시오."

케익스가 델포이로 떠나는 날, 알키오네는 부두에서 눈물을 흘리며 호소했습니다.

"기어이 가시려거든 저도 데려가 주세요."

케익스는 알키오네를 혼자 남겨 두는 것이 가슴 아팠지만, 험한 뱃길에 그녀를 데려갈 수는 없었습니다.

"달이 두 번 차고 이울기 전에 돌아올 테니 그때까지만 기다려 주오."

케익스는 알키오네를 위로하고 배에 올랐습니다.

배는 순풍을 받으며 남쪽을 향해 나아갔습니다. 뱃길의 절반쯤에 이를 때까지 모든 것이 순조로웠지요.

그런데 고요하던 바다에 갑자기 거센 동풍이 불어닥쳤습니다. 돛이 팽팽하게 부풀며 배가 금방이라도 뒤집힐 듯 요동쳤지요. 사람들이 어쩔 줄 몰라 우왕좌왕하는데 선장이 고함을 질렀습니다.

"돛을 내리고 물을 퍼내라!"

사람들은 기우뚱거리는 배를 부여잡고 겨우겨우 움직였습니다. 바람이 갈수록 거세지고 파도는 더욱 높아졌지요. 사람들이 갑판 위를 이리저리 뒹굴며 비명을 질렀습니다.

"아아악!"

그 순간 배 위로 산더미만 한 파도가 덮쳤습니다. 그 바람에 돛대가 우지끈 부러졌지요. 뒤이어 더 큰 파도가 배를 강타하자 마침내 배가 반으로 쩍 갈라졌습니다.

케익스는 바다 위에서 허우적거리다가 간신히 부서진 배의 조각을 붙들었습니다.

케익스의 눈앞에 알키오네의 슬픈 얼굴이 떠올랐습니다. 알키오네를 뿌리치고 떠나온 것이 못내 가슴 아팠지요.

"미안하오, 알키오네. 먼저 가는 날 용서하시오."

그러고는 하늘을 향해 큰 소리로 울부짖었습니다.

"하늘에 계신 아버지, 제 주검이나마 알키오네 곁으로 가게 도와주소서."

케익스는 말을 끝내자마자 파도에 휩쓸려 바닷속으로 사라졌습니다. 케익스의 아버지 에오스포로스는 아들을 지켜 줄 수 없었습니다. 검은 비구름이 새벽별을 가렸기 때문이지요.

케익스 일행이 탄 배로 거센 동풍을 보낸 것은 바로 제우스입니다. 모두가 잠든 새벽을 틈타 케익스에게

새벽 별 에오스포로스

에오스포로스는 새벽의 여신 에오스의 아들(왼쪽)이다. 그는 손녀인 필로니스와의 사이에서 케익스를 얻었다. '포스포로스'라고도 하며, 로마 신화의 루키페르에 해당한다.

■ 에벌린 드 모건, 〈포스포로스와 헤스페로스〉

남편을 기다리는 알키오네
신탁을 받으러 간 케익스가 돌아오지 않자 알키오네가 슬픔에 잠겨 있다.
■ 허버트 제임스 드레이퍼, 〈알키오네〉

벌을 내린 거예요.

알키오네는 날마다 헤라 신전을 찾았습니다. 그녀는 향을 피우고 제단 위에 제물을 올리며 간절히 기도했습니다.

"여신이시여, 달이 벌써 세 번이나 차고 이울었는데도 남편에게서는 아무런 소식도 없습니다. 부디 제 남편을 돌봐 주세요."

그녀의 볼 위로 눈물이 주르르 흘러내렸습니다. 그녀는 케익스가 걱정되어 견딜 수가 없었지요.

헤라는 그 모습을 보며 마음이 아팠습니다. 알키오네를 어떻게든 돕고 싶었지요.

'쯧쯧, 저 불쌍한 여인이 남편 소식이라도 알아야 할 텐데…….'

여신은 잠시 생각하다가 무지개 여신 이리스를 불렀습니다.

"잠의 신 히프노스에게 가서 전해라. 알키오네에게 남편 소식을 전해 주라고."

이리스가 물러나와 하늘과 땅을 잇는 무지개를 펼쳤습니다. 여신은 무지개 길을 따라 흑해 북쪽에 있는 속이 텅 빈 산에 이르렀습니다.

히포노스의 궁전은 그곳 산의 동굴에 있었습니다. 동굴 주변에는 잠에 쓰이는 약초들이 자라고 궁전은 한낮에도 어두웠지요.

이리스는 활짝 열린 문으로 들어섰습니다. 히프노스는 문 여는 소리에 잠을 깰까 봐 늘 문을 활짝 열어 두었습니다. 그는 기척을 듣고 졸린 눈을 겨우 뜨며 물었습니다.

"무지개 여신께서 이곳까지 웬일이오?"

"헤라 여신의 명령을 전하러 왔습니다."

이리스는 히프노스를 바라보자 금세 졸음이 쏟아졌습니다. 여신은 얼른 헤라의 말을 전하고 도망치듯 그곳을 빠져나왔습니다.

히프노스는 큰아들인 꿈의 신 모르페우스를 불렀습니다. 모르페우스는 변신하는 재주가 뛰어났습니다.

"내가 알키오네를 잠재울 테니 네가 케익스의 모습을 하고 가서 남편의 죽음을 알려 주어라. 둘이 몹시 사랑하는 사이였다는 걸 잊지 마라."

"잘 알겠습니다, 아버지."

모르페우스는 밤에 트라키스로 날

무지개 여신 이리스

이리스는 신들의 심부름을 담당했으며, 특히 헤라의 심부름을 도맡았다.
무지개는 하늘과 땅에 걸려 있는 것처럼 보이기 때문에 신의 뜻을 인간에게 전달하는 심부름꾼으로 여겨졌다.

■ 존 앳킨슨 그림쇼, 〈이리스〉

아가 죽기 직전의 케익스로 모습을 바꾸었습니다. 얼굴은 창백하고 맨발이었으며 머리카락과 옷은 물에 흠뻑 젖은 모습이었지요.

그는 알키오네가 누워 있는 침실에 모습을 드러내며 말했습니다.

"알키오네, 날 알아보겠소?"

알키오네는 침대에서 벌떡 일어났습니다.

"여보, 살아서 돌아왔군요!"

그녀의 눈에서 기쁨의 눈물이 뚝뚝 떨어졌습니다. 그녀가 침대에서 내려서려고 하자 케익스가 고개를 저으며 말했습니다.

"그대로 있어요. 나는 이미 이 세상 사람이 아니오. 내 배는 폭풍우에 부서졌고 우리 일행은 모두 바닷속에 잠겼소."

"그럴 수는 없어요. 제발 거짓말이라고 해 줘요."

알키오네는 몸을 부들부들 떨며 울부짖었습니다.

"미안하오, 정말 미안하오. 당신의 말을 따르지 않아 벌을 받은 모양이오. 이제 당신은 날 잊고 편히 지내구려. 나중에 지하 세계에서 만납시다. 당신을 영원히 사랑하오."

케익스는 이 말을 남기고 서서히 사라졌습니다.

"여보, 가지 말아요! 제발……. 흑흑."

알키오네는 큰 소리로 흐느끼며 케익스를 향해 팔을 뻗었습니다.

그 순간 그녀는 잠에서 깼습니다. 그녀는 눈을 뜨고도 케익스를 잡으려는 듯 애타게 팔을 뻗었습니다. 케익스가 서 있던 자리에는 물이 흥건했습니다. 알키오

주검으로 돌아온 케익스
알키오네가 바닷가로 떠밀려 온 남편의 주검을 보며 울음을 터뜨리고 있다.
■ 리처드 윌슨, 〈케익스와 알키오네〉

네는 케익스가 정말로 다녀갔다고 믿었습니다.

알키오네는 새벽에 홀로 궁전을 빠져나와 남편이 떠났던 부두로 갔습니다. 새벽 별이 길을 희미하게 비추었습니다.

그녀는 하염없이 바다를 바라보았습니다. 그때 그녀의 눈에 무언가 둥둥 떠오는 것이 보였습니다. 그것은 그녀가 서 있는 곳을 향해 천천히 밀려왔습니다.

"아니, 저건 사람 같은데……."

알키오네는 바닷가로 더 가까이 다가갔습니다. 그것은 놀랍게도 케익스의 주검이었습니다. 꿈속에 나타난 그 모습 그대로였지요.

"케익스, 주검이 되어서라도 절 찾아오셨군요."

알키오네는 겉옷을 벗어 케익스를 덮어 주었습니다. 주검은 여러 날을 바닷물에 실려 왔어도 상처 하나 없이 깨끗했습니다. 그녀는 시아버지인 새벽 별을 향해 감사의 기도를 올렸습니다.

"아버님의 아들을 이렇게라도 만나게 해 주셔서 감사합니다."

그녀는 고개를 숙여 남편을 보았습니다. 케익스의 얼굴은 평온해 보였습니다.

"당신이 이렇게라도 돌아와서 기뻐요."

알키오네는 케익스의 차디찬 입술에 자신의 입술을 맞추었습니다.

바로 그때, 케익스의 몸에 온기가 도는 듯했습니다. 알키오네가 놀라서 입을 벌린 채 바라보았습니다. 그는 숨을 쉬고 있었습니다. 그런데 숨을 쉴 때마다 그의 몸이 서서히 줄어들었습니다. 그녀의 몸도 따라서 작아졌습니다.

그렇게 둘은 물총새가 되었습니다. 헤라가 둘을 안타깝게 여겨 물총새로 만들어 주었지요.

두 물총새는 너른 바다 위로 힘차게 날아올랐습니다. 그들은 사랑을 나누듯 서로 부리를 부딪치며 바닷물로 함께 뛰어들었다가 솟구쳤습니다. 그때부터 물총새는 죽음을 뛰어넘는 사랑을 간직한 새로 널리 알려졌습니다.

물총새의 날들

물총새는 주로 물가의 언덕이나 바닷가의 벼랑에 구멍을 파고 둥지를 짓는다.
그리스 신화에 따르면 물총새가 동지 무렵에 알을 낳아 2주 정도 품는데, 이 기간 동안 신들은 바람을 멈추고 파도를 잔잔하게 만듦으로써 케익스와 알키오네의 후손이 무사히 태어나도록 도왔다고 한다.
사람들은 항해하기에 좋은 이 기간을 '물총새의 날들'이라고 부르며 고요와 풍요를 상징하는 시기로 여겼다.

신화 갤러리 7

잠의 신, 꿈의 신

히프노스는 어둠의 신 에레보스와 밤의 여신 닉스의 아들로 잠의 신입니다. 로마 신화의 솜노스로 알려져 있지요. 그는 흑해 북쪽의 키메라에 있는 동굴 안에 사는데, 그 동굴의 끝에는 고통과 괴로움을 잊게 하는 레테의 강이 흐릅니다. 히프노스는 해 질 무렵이면 밖으로 나와 세상의 모든 것을 잠들게 했습니다. 그의 이름은 최면술을 뜻하는 히프노티즘(hypnotism), 잠을 뜻하는 솜니(somni) 등의 유래가 되었지요.

히프노스 주변에는 수많은 꿈의 신이 잠들어 있는데 특히 그의 맏아들 모르페우스는 사람으로 변신을 잘하고 흉내를 잘 내기로 유명했습니다.

오늘날 수면 및 진정 등의 효과를 발휘하는 약품인 모르핀(morphine)은 모르페우스에서 유래한 말입니다.

▲ 모르페우스와 이리스

히프노스는 모르페우스에게 무지개 여신 이리스가 전한 헤라의 명, 즉 알키오네에게 남편이 죽었다는 소식을 전하게 한다.
■ 피에르 나르시스 게랭, 〈모르페우스와 이리스〉

◀ 잠의 씨를 뿌리는 히프노스

히프노스가 자신을 상징하는 양귀비 꽃잎을 뿌리며 어머니 닉스에게 이끌려 어딘가로 날아가고 있다.
■ 에벌린 드 모건, 〈밤과 잠〉

죽은 자를 살린 아스클레피오스

의학의 아버지 히포크라테스는 고대 의학자들 가운데 가장 돋보이는 업적을 남긴 위대한 인물이었습니다. 그는 의술의 신으로 받들어지던 아스클레피오스의 자손이라고 전해집니다.

▲ 히포크라테스 상패

아스클레피오스는 아폴론의 아들로 켄타우로스족의 케이론에게 의술을 배운 뒤 명의가 되었습니다. 그는 아테나로부터 사람을 다시 살리는 힘이 있는 메두사의 피를 받아 죽은 사람을 살리는 능력을 지니게 되었지요. 그는 이 능력으로 테세우스의 아들 히폴리토스를 되살렸습니다. 이렇게 사람의 삶과 죽음의 순리를 깨뜨린 죄로 아스클레피오스는 제우스의 벼락을 맞아 죽었습니다. 제우스는 그의 영혼을 하늘로 올려 별로 만들었습니다. 뱀주인자리는 뱀을 잡고 있는 아스클레피오스의 모습을 본뜬 별자리입니다.

▶ 의술의 신 아스클레피오스

아스클레피오스는 의술을 담당한 신으로 받들어졌다. 그의 지팡이를 뱀이 휘감고 있는데, 뱀은 껍질을 벗음으로써 다시 젊어지거나 살아나고 치유된다는 상징을 갖고 있다.

■ 서기전 5세기, 조각.

[8장]
욕심이 불러온 벌

프리기아의 왕 미다스는 심각한 얼굴로 실레노스를 내려다보았습니다. 실레노스는 술에 잔뜩 취한 채 밧줄에 묶여 있었지요. 그의 넓적한 사자코와 뾰족 솟은 말 귀는 시뻘겋게 달아올랐고, 엉덩이 뒤로는 말 꼬리가 비죽 나와 있었습니다.

그를 끌고 온 농부가 씩씩거리며 말했습니다.

"이 괴물이 아랫도리를 발가벗고 마을을 돌아다녔습니다."

"저자가 너희에게 무슨 행패라도 부렸느냐?"

미다스의 물음에 농부가 말을 우물거렸습니다.

"그건 아니지만, 그래도 대낮에 발가벗고……."

"알겠다. 이자는 내가 알아서 할 테니 너희는 그만 돌아가라."

사람들이 물러가자 미다스는 실레노스의 손을 덥석 잡으며 반겼습니다.

"디오니소스 신의 스승이 아니십니까? 농부들이 몰라뵈어 고생이 많으셨습니다."

"허허, 고생은 무슨……. 날 안다니 술이나 한 잔 주시오."

실레노스는 호탕하게 웃었습니다. 미다스는 그의 몸에서 밧줄을 풀고 왕궁 안으로 함께 들어갔습니다. 미다스는 한때 디오니소스를 따르던 인연으로 실레노스를 한눈에 알아본 거예요.

실레노스는 디오니소스를 기르고 가르친 남자 요정입니다. 생김새는 괴상했지만 음악을 좋아하고 지혜로웠습니다. 실레노스들은 디오니소스와 함께 술과 음악을 즐기며 세상을 떠돌았습니다.

미다스는 실레노스를 정성껏 대접했습니다. 둘은 열흘 동안 술을 마시고 악기를 연주하며 잔치를 벌였습니다.

디오니소스의 스승 실레노스

실레노스는 지혜가 많은 남자 요정이다. 대개 술에 취한 모습으로 그려지며 말의 꼬리를 가진 모습으로 표현된다.
디오니소스를 기르고 가르쳤다고 전해진다.

■ 페터 파울 루벤스, 〈술 취한 실레노스〉

그 뒤 미다스는 실레노스와 함께 디오니소스 축제가 열리는 리디아로 갔습니다.

디오니소스가 그들을 반갑게 맞았습니다. 디오니소스는 실레노스를 잘 대접한 미다스에게 고마움을 전했습니다.

"너에게 상을 내리고 싶구나. 뭐든 원하는 걸 말해 보아라."

미다스는 잠시 생각에 잠겼다가 대답했습니다.

"제 손에 닿는 것은 무조건 황금으로 변하게 해 주십시오."

"오호, 욕심이 많구나. 지금부터 그리될 것이다."

디오니소스는 흔쾌히 청을 들어주었습니다.

미다스는 크게 기뻐하며 프리기아로 돌아갔습니다. 그때부터 그가 만지는 것은 무엇이든 황금으로 변했습니다. 그가 돌멩이를 집어 들면 돌멩이가 반짝이는 황금으로 변하고, 나뭇가지를 꺾으면 그것 역시 황금이 되었지요.

"하하하, 곧 세상에서 제일가는 부자가 되겠구나!"

미다스가 기뻐하며 식탁에 앉았습니다.

그런데 이게 웬일이에요! 그가 빵을 집자 빵이 황금

술의 신 디오니소스

디오니소스는 아시아 곳곳을 떠돌아다니면서 축제를 열고 포도 재배법과 문명을 전달했다. 이 디오니소스 축제는 그리스 연극의 기원이 되었다.
로마 신화에서는 디오니소스를 바쿠스라고 한다.

■ 귀도 레니, 〈소년 바쿠스〉

으로 바뀌었습니다. 또 고기에 손대자 입안에 넣기도 전에 황금이 되었습니다. 찰랑거리던 포도주마저 딱딱하게 황금으로 굳었지요.

미다스는 몹시 당황했습니다. 이제 더는 마실 수도, 먹을 수도 없었으니까요.

'이럴 수가! 굶어 죽게 생겼는데 부자가 다 무슨 소용이람?'

그는 며칠째 물 한 모금도 마시지 못해 초췌했습니다. 이제 황금이라면 지긋지긋했지요. 그는 쇠약해진 몸으로 먼 길을 달려 다시 리디아로 갔습니다.

미다스는 디오니소스 앞에 엎드려 빌었습니다.

"부디 저의 죄를 용서하시고 제 소원을 거두어 주십시오."

"저런, 이번엔 황금 손을 없애는 게 소원이더냐? 팍톨로스 강에 가서 몸과 마음을 깨끗이 씻어라."

이번에도 디오니소스는 아무 조건 없이 소원을 들어주었습니다.

미다스는 팍톨로스 강으로 달려가 강물에 몸을 담갔습니다. 그러자 그의 몸에 깃들었던 황금을 만들어 내는 힘이 강물로 옮겨 갔습니다. 그때부터 팍톨로스

황금 손을 씻는 미다스
미다스가 팍톨로스 강에서 몸을 씻고 디오니소스가 이를 바라보고 있다.
미다스가 몸을 씻은 뒤로 이 강에서 모래 속에 섞인 금인 사금이 많이 나왔다고 한다.
■ 니콜라 푸생, 〈팍톨로스 강에서 몸을 씻는 미다스〉

강은 사금이 많이 나오는 곳으로 유명해졌지요.

그 뒤 미다스는 욕심을 버린 채 산과 숲으로 다니며 소박하게 살았습니다. 그는 트몰로스 산에서 목동과 가축의 신인 판과 친해졌습니다. 판은 갈대 줄기를 나란히 붙여 만든 팬파이프를 기막히게 잘 불었습니다.

하루는 미다스가 판의 연주를 듣다가 말했습니다.

"그대의 솜씨는 아폴론 신과 견주어도 모자람이 없을 것입니다."

"하하, 고맙소. 실은 나도 아폴론 신과 한번 대결해 보고 싶소."

판은 미다스의 칭찬에 우쭐해졌습니다. 이에 곁에 있던 트몰로스 산신이 나서며 제안했습니다.

"제가 아폴론 신께 의견을 여쭤 볼까요?"

얼마 뒤 숲에서 아폴론과 판의 연주 대결이 펼쳐졌습니다. 요정들과 목동들이 너도나도 숲으로 몰려들었지요. 트몰로스가 심판을 맡고, 미다스가 그 옆에 자리를 잡았습니다.

먼저 판이 팬파이프를 연주했습니다. 미다스는 눈을 감고 연주에 귀 기울였습니다. 판의 연주는 더없이 아름다웠지요.

곧이어 아폴론이 상아로 만든 리라를 들고 연주했습니다. 아름다운 선율이 울려 퍼지자 어떤 이는 감동의 눈물을 흘렸습니다.

아폴론의 연주가 끝나고 트몰로스가 천천히 일어나 지팡이로 땅을 세 번 두드렸습니다. 청중들이 일제히 그를 바라보았습니다.

"역시 아폴론 신의 연주가 최고입니다."

트몰로스의 판결에 청중들이 고개를 끄덕이며 박수를 힘차게 보냈습니다. 그때 미다스가 불만이 가득한 얼굴로 크게 외쳤습니다.

"제가 듣기엔 판의 연주가 더 좋았습니다."

"심판은 나요. 왕께서는 심판할 자격이 없습니다."

"모두 아폴론 신이 두려워 이러는 것 아닙니까?"

미다스와 트몰로스가 옥신각신하는데 갑자기 아폴론이 버럭 소리를 질렀습니다.

가축을 지키는 목신, 판

판은 헤르메스의 아들이라고도 하고, 사람과 암염소 사이에서 태어났다고도 한다. 윗몸은 사람의 모습이고 염소의 다리와 뿔을 가졌다.
갈대를 꺾어 팬파이프를 만들었다고 전해진다. 그림은 판이 요정 시링크스를 뒤쫓는 모습이다.

■ 니콜라 푸생, 〈판과 시링크스〉

판을 응원하는 미다스
미다스는 판의 연주가 아폴론의 연주보다 뛰어나다고 평가했다.
왕관을 쓴 미다스가 손으로 판을 가리키고, 아폴론이 그런 미다스를 나무라듯 손가락질하고 있다.

■ 니콜라 미냐르, 〈미다스의 심판〉

"미다스 네놈이 감히 나를 모욕하다니, 그 대가를 치르게 해 주마!"

아폴론이 미다스에게 다가가 그의 두 귀를 잡고 위로 쭉 잡아당겼습니다. 그런 뒤 리라를 들고 하늘로 올라갔습니다.

아폴론이 잡아당긴 미다스의 귀는 마치 당나귀의 귀처럼 높이 솟았습니다. 게다가 귀 안에는 털이 소복이 차올랐지요. 곁에 있던 이들이 그를 힐끔거리며 쿡쿡 웃음을 터뜨렸습니다.

미다스는 궁전으로 돌아와 거울을 보고 소스라치게 놀랐습니다. 자신의 귀가 당나귀 귀가 된 것을 그제서야 안 것입니다. 그는 위로 높이 솟은 모자를 써서 귀를 감추었습니다. 그는 낮에는 물론이고 심지어 잠을 잘 때도 모자를 벗지 않았지요.

그는 이발사를 궁전으로 불러 머리를 자를 때만 모자를 벗었습니다. 미다스는 이발사에게 엄명을 내렸습니다.

"비밀을 지키지 않으면 널 사형에 처할 것이다."

이발사는 왕의 우스꽝스러운 모습에 웃음을 참느라

진땀을 흘렸습니다. 왕궁을 나와서는 이 사실을 누구에게든 알리고 싶어 입이 근질근질했지요.

"어휴, 누구에게든 이 비밀을 알리고 싶은데 함부로 말했다가는 죽음을 면치 못할 테고······."

이발사는 친구나 가족에게도 사실을 숨겼습니다. 날이 갈수록 말 못하는 괴로움이 점점 더 커졌지요.

"이대로 있다가는 병이 들고 말 거야."

마침내 이발사는 큰 결심을 하고 들판으로 나갔습니다. 그는 땅에 구덩이를 파고 그 안에 큰 소리로 외쳤습니다.

"왕의 귀는 당나귀 귀다! 왕의 귀는 당나귀 귀다!"

그는 속이 시원해질 때까지 몇 번이고 외친 뒤 흙으로 구덩이를 메웠습니다.

계절이 바뀌고 그 자리에서 갈대가 자라났습니다. 바람이 불면 갈대들은 이리저리 휩쓸리며 너울너울 춤을 추었지요. 그때마다 갈대밭에서 갈대들이 나부끼는 소리인지 사람의 목소리인지 모를 이상한 소리가 울려 퍼졌습니다.

"왕의 귀는 당나귀 귀다! 왕의 귀는 당나귀 귀다!"

임금님 귀는 당나귀 귀

우리나라의 《삼국유사》에 전하는 신라 경문왕의 귀이설화도 이와 매우 비슷하다. 경문왕은 자신의 귀가 긴 것을 숨기기 위해 복두장(모자장이)을 불러 왕관을 만들고 복두장의 입단속을 시켰다. 복두장은 말 못하는 괴로움에 시달리다가 대나무 숲에 가서 비밀을 털어놓았다. 그 뒤로 바람이 불 때마다 대나무 숲에서 "임금님 귀는 당나귀 귀!"라는 소리가 들렸다고 한다.

신화 갤러리 8

성공을 부르는 '미다스의 손'

'미다스의 손'은 미다스의 신화에서 유래된 말로 무엇이든 황금으로 만들 수 있는 미다스 왕의 능력을 가리킵니다. 미다스는 영어로 마이더스이므로 '마이더스의 손'이라고도 하지요.

이 능력은 미다스를 큰 부자로 만들어 준 한편, 그를 굶어 죽을 위기로 내몰았습니다. 손대는 음식마다 황금으로 변했기 때문이지요. 게다가 사랑하는 딸마저 황금으로 변하는 고통을 받게 됩니다. 황금을 만드는 손은 그에게 축복이 아니라 탐욕이 불러들인 저주였던 셈입니다.

오늘날 '미다스의 손'은 주로 긍정적인 의미로 쓰입니다. 어떤 분야에서 뛰어난 능력을 지닌 사람이나 무슨 일이든 잘 해내는 재간둥이, 수완가를 가리킵니다. 어떤 분야에 뛰어들어 큰돈을 벌어들인 사람을 지칭하는 말로 확대되어 쓰이기도 하지요.

◀ 딸을 황금으로 만든 미다스
신화 속 미다스는 만지는 모든 것을 황금으로 바꾸는 자신의 손을 저주했다. 하지만 오늘날 미다스의 손은 무슨 일이든 성공적으로 해내는 수완가를 가리키는 말로 쓰인다.
■ 월터 크레인, 〈황금으로 변한 미다스의 딸〉

◀ 매듭을 끊는 알렉산더

알렉산더 대왕은 몇 세기 동안 풀지 못한 고르디우스의 매듭을 칼로 자르는 생각의 전환을 통해 해결했다. 결국 그는 고르디우스의 예언대로 아시아를 정복했다.
■ 장 시몽 베르텔레미, 〈고르디우스의 매듭을 자르는 알렉산더〉

생각의 전환으로 푸는 고르디우스의 매듭

미다스의 아버지는 프리기아 왕국의 초대 왕인 고르디우스입니다. 고르디우스는 한 신전의 기둥에 전차를 꽁꽁 묶고 이 매듭을 풀 수 있는 사람이 아시아를 정복할 것이라고 예언했지요.

뒷날, 알렉산더는 마케도니아의 왕위에 올라 마케도니아와 그리스 연합군을 이끌고 동방 원정길에 나섰습니다. 알렉산더는 매듭이 묶인 신전 앞에 이르러 매듭을 푸는 대신 단칼에 베어 버렸습니다. 결국 고르디우스의 예언처럼 알렉산더는 아시아의 대부분을 정복함으로써 대제국을 건설했습니다.

여기서 유래한 '고르디우스의 매듭'은 대담하게 행동할 때만 풀 수 있는 문제를 이르는 속담입니다. 이처럼 복잡한 문제를 대담한 방법으로 풀었을 때 '고르디우스의 매듭을 잘랐다.'고 하지요.

▲ 제국을 건설한 알렉산더

알렉산더 대왕은 십여 년 만에 아시아의 대부분을 정복하고 제국을 건설한다.

[9장]
오이디푸스의
슬픈 운명

테베의 왕 라이오스는 갓 태어난 아들을 말없이 바라보았습니다. 그의 얼굴엔 슬픈 빛이 가득했지요.

아이는 포대기에 싸여 새근새근 잠들어 있었습니다. 아이 옆에 누운 이오카스테 왕비는 연거푸 한숨을 내쉬었습니다. 먼저 침묵을 깨뜨린 이는 라이오스였습니다.

"하필……, 사내아이가 태어났으니 어쩌겠소."

라이오스는 한동안 말을 잇지 못하다가 결심한 듯 단호히 말했습니다.

"내일 새벽에 아이를 멀리 보내겠소."

그러자 이오카스테가 설움에 북받친 듯 눈물을 쏟

았습니다.

 이튿날 이른 새벽에 라이오스는 아이를 안고 성문 밖으로 나갔습니다. 왕궁의 가축을 맡아 기르는 시종이 문 앞에서 기다리고 있었지요.

 라이오스는 시종을 시켜 아이의 두 발을 가죽끈으로 묶었습니다. 걷기는커녕 기지도 못하는 아이에게 불필요해 보였지만, 라이오스는 단단히 묶게 했습니다. 아이가 아픔을 느꼈는지 울음을 터뜨렸습니다.

 "와아앙!"

 아이의 우렁찬 울음소리가 새벽 공기를 갈랐습니다. 그것이 신호라도 되듯 시종이 아이를 안고 새벽 어스름 속으로 사라졌습니다. 라이오스는 시종이 사라진 쪽을 오래도록 바라보았습니다.

 그는 몇 해 전 아폴론의 신탁을 듣던 순간을 떠올렸습니다. 오랫동안 아이가 생기지 않아 델포이로 신탁을 받으러 간 참이었지요. 신녀는 라이오스 부부를 바라보며 몹시 어두운 표정을 지었습니다.

오이디푸스의 슬픈 운명 163

키타이론 산

테베와 아테네 사이에 놓인 험준한 산이다. 이 산은 신화의 배경으로 자주 등장한다. 아르테미스는 이 산에서 사냥을 즐겼고, 디오니소스는 축제를 열었으며, 영웅 헤라클레스는 사자를 때려잡았다.

"너희가 아들을 낳으면 그 아들은 가문에 저주를 불러올 것이다. 아버지를 죽이고 어머니와 혼인할 운명이로다."

라이오스 부부는 신전을 나오며 몸을 떨었습니다. 신탁은 다시 떠올리기조차 두려운 내용이었지만 부부는 신탁을 한시도 잊지 않았습니다.

그런데 이번에 태어난 첫아이가 아들이었던 것입니다. 라이오스는 아이를 산속에 버리기로 했지요.

시종은 아이를 안고 키타이론 산으로 갔습니다. 아이는 어느새 울음을 그치고 죽은 듯 잠들었습니다.

'아무리 왕의 명령이라지만 살아 있는 아이를 버릴 수는 없어. 왕께는 시키는 대로 했다고 말하면 그만이지, 뭐.'

시종은 아이의 발에 묶은 끈을 풀고 오래전부터 알고 지낸 코린토스 왕국의 양치기를 찾아갔습니다.

"이보게, 까닭은 묻지 말고 이 아이를 맡아 주게. 자네가 키우든 남의 집에 양아들로 보내든 상관없네."

시종은 아이를 맡기고 부리나케 테베로 돌아갔습니다. 양치기는 곰곰이 생각에 잠겼습니다.

'내 형편에 아이를 키울 수 없으니 어쩐다? 옳지! 우리 왕께서는 자식이 없으니 이 아이를 바치면 잘 키워 주실 거야.'

양치기는 아이를 폴리보스 왕에게 데려갔습니다. 과연 폴리보스는 아이를 보고 크게 기뻐했습니다.

"이 아이를 어디서 데려왔느냐?"

"키타이론 산에 버려져 있었습니다."

양치기는 거짓으로 둘러댔습니다. 폴리보스는 포대기를 열고 아이를 살피다가 깜짝 놀랐습니다. 아이의 두 발이 퉁퉁 붓고 퍼렇게 멍이 들어 있었거든요.

"누가 이런 끔찍한 짓을 했단 말이냐."

폴리보스는 의사를 불러 아이를 치료했습니다. 아이의 상처는 이내 아물었지요.

폴리보스와 메로페 왕비는 아이를 양아들로 삼고 '부어오른 발'이라는 뜻으로 오이디푸스라고 불렀습니다. 폴리보스 부부는 아이를 몹시 아꼈습니다.

"이 아이는 신들이 보내 주신 선물인가 보오."

"맞아요. 어쩌면 이리도 사랑스러운지……."

오이디푸스는 폴리보스 부부의 사랑 안에서 똑똑하고 힘이 넘치는 청년으로 자랐습니다.

목숨을 건진 오이디푸스

갓난아이 오이디푸스는 양치기의 도움으로 코린토스 왕국의 왕자가 된다.
아이의 발목에 가죽끈이 매여 있다.

■ 앙투안 드니 쇼데, 〈어린 오이디푸스를 구한 목동 포르바스〉

하루는 오이디푸스가 길을 가다가 사람들이 삼삼오오 모여 수군대는 소리를 들었습니다.

"왕께서 과연 오이디푸스 왕자에게 왕위를 물려주실까?"

"그럼, 왕자가 훌륭하게 자랐으니 친아들이 아니면 어떤가."

그 순간 오이디푸스는 자신의 귀를 의심했습니다.

'뭐? 내가 친아들이 아니라고?'

오이디푸스는 며칠 동안 속을 끓이다가 왕과 왕비를 찾아가 물었습니다.

"저는 아버지와 어머니를 닮지 않았습니다. 혹시 저는 데려온 자식입니까?"

그러자 메로페가 갑자기 목소리를 높였습니다.

"무슨 소리냐? 넌 틀림없는 우리의 친자식이다!"

"우스개로 한 말이니 신경 쓰지 마세요, 어머니."

오이디푸스는 얼른 화제를 바꾸었지만 폴리보스와 메로페가 당황한 것을 느꼈습니다. 오이디푸스는 다시는 그 얘기를 꺼내지 않았습니다. 그렇다고 그의 마음에서 의심이 사라진 것은 아니었지요.

'그래, 델포이로 가서 신탁을 받아 보자.'

그는 사냥을 간다고 둘러대고 혼자서 델포이로 떠났습니다.

신녀는 오이디푸스를 보자마자 험악한 표정으로 호통을 쳤습니다.

오이디푸스의 슬픈 운명

"살아서는 안 될 자가 여기는 왜 왔느냐? 너는 네 아버지를 죽이고 네 어머니와 혼인하는 끔찍한 죄를 짓는구나. 어둡고 불길한 자여, 이 신성한 곳에서 썩 물러가라!"

오이디푸스는 큰 충격을 받았습니다. 눈앞이 캄캄하고 하늘이 무너지는 듯했지요.

'아, 내가 무슨 죄를 지었기에 이토록 저주 받은 운명을 타고났단 말인가.'

그는 당장이라도 죽고 싶은 마음을 누르며 왔던 길과는 반대쪽으로 길을 잡았습니다.

'지금의 부모님이 내 친부모이든 아니든 이대로 코린토스로 돌아갈 수는 없다. 화를 피하려면 이 방법밖에는 없어.'

그는 고향을 등지며 뜨거운 눈물을 흘렸습니다. 하루아침에 갈 곳 없는 나그네 신세가 된 자신이 한없이 초라하게 느껴졌지요.

오이디푸스는 힘없이 파르나소스 산을 내려갔습니다. 맞은편에서 마차 한 대가 올라왔습니다. 마차 앞뒤로 시종이 둘씩 호위하고 있었지요. 말고삐를 잡은 사내가 소리쳤습니다.

"웬 놈이냐? 썩 비켜서라!"

오이디푸스는 우울하던 차에 명령을 받자 기분이 상해서 외쳤습니다.

"어디서 감히 이래라 저래라 하느냐?"

"아니, 이놈이 무엄하기 짝이 없구나. 어느 분의 행차인 줄 아느냐?"

"흥, 너야말로 내가 누군 줄 아느냐?"

오이디푸스는 팔짱을 끼고 길 한가운데에 떡 버티고 섰습니다. 그때 마차에 타고 있던 중년 남자가 시종들에게 호령했습니다.

"갈 길이 바쁘다. 저놈을 밀치고 어서 가자."

"네, 알겠습니다."

시종이 공손히 대답하더니 몸을 돌려 오이디푸스를 밀쳤습니다. 순간 오이디푸스가 시종의 가슴에 주먹을 날려 시종을 쓰러뜨렸습니다.

"저런 고얀 놈이!"

중년 남자가 지팡이로 오이디푸스의 머리를 내리쳤습니다. 마침내 오이디푸스의 분노가 폭발했습니다.

"네놈들이 권세가 있다고 날 업신여기는구나! 모두 가만두지 않을 테다!"

오이디푸스는 중년 남자의 지팡이를 빼앗고는 지팡이와 주먹을 마구 휘둘렀습니다. 순식간에 중년 남자와 시종들이 피를 흘리며 쓰러졌습니다. 그 틈에 마차 뒤에 서 있던 늙은 시종만 겁에 질린 채 도망쳤지요.

오이디푸스가 주검들을 내려다보며 말했습니다.

"무고한 사람에게 행패를 부린 건 당신들이니 억울해할 것 없소."

그가 죽인 중년 남자는 바로 테베의 왕 라이오스입니다. 오이디푸스는 친아버지를 죽인 줄은 꿈에도 모른 채 테베로 향했습니다.

그 무렵 테베 왕국은 스핑크스 때문에 몹시 흉흉했습니다.

스핑크스는 얼굴은 여자이고 몸은 사자인 데다가 등에 날개가 달린 괴물입니다. 길을 지나는 사람에게 올가미를 던져 그 사람의 목을 묶고 수수께끼를 냈습니다. 문제를 풀지 못하는 사람은 올가미를 죄어 죽인 뒤 잡아먹었지요.

이제까지 스핑크스에게 잡혔다가 살아난 이는 한 사람도 없었습니다. 사람들은 스핑크스가 두려워 대낮에도 밖에 나가지 못했지요. 그러자 스핑크스는 마을까지 내려와 사람을 잡아갔습니다. 테베는 공포와 굶주림의 땅이 되었습니다.

이 때문에 라이오스는 델포이로 신탁을 받으러 떠났다가 죽임을 당한 것입니다. 살아 돌아온 늙은 시종은 이오카스테 앞에 엎드려 왕의 죽음을 알렸습니다.

"길에서 도적을 만나 모두 죽고 저만 겨우 도망쳤습니다."

시종은 온몸을 부들부들 떨며 눈물을 흘렸습니다. 이오카스테는 충격에 휩싸여 목 놓아 통곡했습니다.

"흑흑, 우리 왕국이 이대로 망할 모양이구나."

그녀는 남동생 크레온에게 나라를 맡겼습니다.

크레온은 시종들에게 마을 곳곳에 방을 써 붙이게 했습니다. 스핑크스를 물리친 이에게 왕의 자리를 물려주고 왕비와 결혼할 자격을 주겠다는 내용이지요.

몇몇 청년이 용기를 내어 도전했지만 그 누구도 살아 돌아오지 못했습니다.

그즈음 오이디푸스가 테베에 도착했습니다. 그는 어느 집에서 밥을 얻어먹다가 스핑크스 이야기를 들

괴물 스핑크스

스핑크스는 반은 여자, 반은 짐승인 괴물이다. 스핑크스 옆으로 사람들의 주검이 널려 있다.
■ 귀스타브 모로, 〈나그네 오이디푸스〉 부분.

오이디푸스의 슬픈 운명

스핑크스가 새겨진 항아리
오이디푸스가 스핑크스의 수수께끼를 맞히는 장면은 수많은 그림과 조각, 항아리 장식 등의 소재가 되었다.
■ 서기전 440년 무렵, 항아리.

었습니다.

"거리에 사람이 없는 이유가 있었군요. 내가 그 괴물의 숨통을 끊어 놓겠소."

오이디푸스는 사람들의 만류를 뿌리치고 스핑크스를 찾아 나섰습니다. 그가 바위산을 오르는데 뭔가 허공을 가르며 날아왔습니다. 그가 그것을 재빠르게 손으로 잡아챘습니다.

"내 올가미를 손으로 잡다니 제법이로구나."

스핑크스는 오이디푸스를 내려다보며 깔깔거렸습니다. 스핑크스의 얼굴은 아름다운 처녀인데 입술 사이로 드러난 날카로운 송곳니에서는 핏물이 뚝뚝 떨어졌습니다.

"네가 요사스런 괴물 스핑크스냐?"

"그놈 꽤 당차구나. 수수께끼를 맞히지 못하면 네 목숨이 끝인 것쯤은 알고 있겠지?"

"말이 많구나. 어서 문제를 내라."

"좋다. 목소리는 하나인데 아침에는 네 발, 낮에는 두 발, 저녁에는 세 발로 걷는 짐승이 무엇이냐? 그 짐승은 네 발로 걸을 때가 가장 약하지."

스핑크스는 송곳니를 드러내며 싸늘하게 웃었습니

수수께끼를 맞힌 오이디푸스
오이디푸스는 스핑크스가 낸 수수께끼를 알아맞혀 스핑크스를 죽음에 이르게 한다. 오이디푸스의 당당한 모습과 오른쪽에 스핑크스를 보고 도망치는 사람이 대조를 이룬다.
■ 장 오귀스트 도미니크 앵그르, 〈오이디푸스와 스핑크스〉

다. 오이디푸스는 이를 비웃듯 혀를 차며 대답했습니다.

"쯧쯧, 수수께끼가 너무 시시하구나. 그 짐승은 당연히 인간이지."

순간 스핑크스의 얼굴이 딱딱하게 굳었습니다.

"인간은 아이일 때 두 손과 두 발로 기고, 어른이 되면 두 발로 걷고, 늙으면 지팡이를 짚어 세 발로 걷기 때문이다."

스핑크스는 파르르 떨면서 오이디푸스를 노려보았습니다.

"부, 분하다! 지금까지 누구도 맞히지 못했건만!"

스핑크스는 그 말을 남기고 홱 돌아서더니 절벽 아래로 몸을 던졌습니다. 오이디푸스가 달려갔을 때는 이미 숨을 거둔 뒤였습니다. 스핑크스는 내기에 진 분을 이기지 못해 스스로 목숨을 끊은 것이지요.

오이디푸스가 스핑크스를 물리쳤다는 소문이 삽시간에 퍼져 나갔습니다. 사람들이 일제히 환호하며 오이디푸스를 크레온에게 데려갔습니다. 크레온이 오이디푸스의 공로를 치하하며 말했습니다.

"고맙소. 그대가 우리 왕국의 근심을 해결해 주었구려. 약속대로 왕비를 아내로 맞아 이 왕국을 다스려 주시오."

"와아아!"

사람들이 소리를 지르며 만세를 불렀습니다. 오이디푸스는 그 뜻을 기꺼이 받아들였습니다.

'그래, 이곳이라면 신탁 따위는 결코 이루어지지 않을 거야.'

오이디푸스는 테베의 왕위에 올라 이오카스테를 아내로 맞이했습니다. 이오카스테는 늠름하고 지혜로운 젊은 왕이 마음에 들었습니다. 오이디푸스도 자상한 이오카스테를 사랑했지요.

둘 사이에서 두 아들과 두 딸이 태어났습니다. 테베에는 오랫동안 평화로운 나날이 계속되었지요.

오이디푸스는 어느덧 중년의 나이가 되었습니다.

그러던 어느 해, 왕국에 무서운 전염병이 돌았습니다. 전염병은 마을 곳곳으로 빠르게 퍼져 나갔습니다. 병에 걸린 사람들은 높은 열에 시달리며 온몸이 곪아 터져 숨을 거두었습니다.

마을마다 장례 행렬이 줄을 이었습니다. 거두어 줄

오이디푸스의 두 딸

오이디푸스가 이오카스테와의 사이에서 얻은 두 딸 안티고네와 이스메네이다.

■ 에밀 테셴도르프, 〈안티고네와 이스메네〉

사람이 없는 주검들은 길가에 버려진 채 썩었습니다. 엎친 데 덮친 격으로 가뭄이 들어 농작물의 수확량도 매우 적었습니다. 전염병을 피한 이들은 굶주림으로 신음했지요.

오이디푸스는 크레온을 델포이로 보내 까닭을 알아 오게 했습니다. 크레온이 테베로 돌아와 아폴론의 신탁을 전했습니다.

"라이오스 왕을 살해한 이가 테베에 버젓이 살고 있답니다. 그를 몰아내야 전염병과 가뭄이 사라진다고 합니다."

"음, 신들의 저주를 받은 이유를 이제야 알겠소. 나는 이 나라의 왕으로서 반드시 살인자를 잡아 처단할 것이오."

오이디푸스는 눈먼 예언자 테이레시아스를 불렀습니다. 테이레시아스는 신의 보살핌으로 이백 살이 넘도록 살았습니다. 그는 길을 알려 주는 마법의 지팡이를 짚고 나타났습니다.

"왕께서 이 늙은이를 무슨 일로 찾으셨습니까?"

"라이오스 왕을 죽인 살인자를 찾고 있소. 그가 누구인지 알려 주시오."

테이레시아스는 말없이 고개를 떨어뜨렸습니다. 오이디푸스가 영문을 몰라 그를 재촉했습니다.

"왜 그러시오? 이건 우리 왕국의 운명이 걸린 일이니 어서 사실대로 고하시오."

"저는……, 그 물음에 답할 수 없습니다."

테이레시아스는 고개를 가로저으며 입을 굳게 다물었습니다. 오이디푸스가 아무리 사정해도 닫힌 입은 열리지 않았습니다. 마침내 오이디푸스가 버럭 화를 냈습니다.

"백성들이 모두 죽어도 좋단 말이오? 당장 대답하지 않으면 이 자리에서 그대의 목숨을 끊겠소!"

오이디푸스는 평소에는 온화했지만 한번 화를 내면 누구도 말릴 수 없었습니다. 시종들이 겁에 질려 두 사람을 번갈아 보았습니다. 마침내 테이레시아스가 침을 꿀꺽 삼키며 입을 열었습니다.

"왕께서는 그 어떤 말이라도 참고 들어 줄 수 있으십니까?"

"그렇소. 나는 진실을 피하지 않을 것이오."

"그렇게 말씀해 주시니 저도 용기가 납니다. 바로 왕께서 라이오스 왕을 죽인 테베의 원수입니다."

테베
고대 그리스의 보이오티아 땅에 있던 도시 국가이다. 아테네와는 경쟁 관계에 있었으며 미케네 문명을 꽃피웠다.
테베에는 중세에 세워진 성이 있을 뿐 고대 유적은 별로 남아 있지 않다.
사진은 고대 테베의 요새로 쓰이던 곳이다.

"그게 무슨……. 내가 그 살인자란 말이오?"

오이디푸스는 자리에서 벌떡 일어났습니다. 테이레시아스는 예상한 일인 듯 도리어 무덤덤한 표정이었습니다.

"그것이 제가 아는 진실입니다."

"뭐라고? 저, 저런……."

오이디푸스는 분노에 가득 찬 눈으로 테이레시아스를 노려보았습니다. 주먹을 쥔 그의 두 손이 부르르 떨렸습니다.

"저 늙은 장님이 드디어 미쳤구나. 저놈을 당장 쫓아내라!"

테이레시아스는 병사들에게 끌려 나가며 소리쳤습니다.

"저는 앞을 보지 못하지만 진실은 볼 수 있습니다. 하지만 왕께서는 앞은 보되 진실을 보지 못하는 눈뜬 장님입니다."

"저놈의 입을 닥치게 해라!"

병사들이 테이레시아스의 입을 막았습니다. 테이레시아스가 이를 뿌리치며 외쳤습니다.

"왕께서는 진실을 알게 되는 순간, 저처럼 영원히 어둠만을 보게 될 것입니다."

오이디푸스는 깊은 분노와 함께 두려움에 사로잡혔습니다. 지금까지 테이레시아스의 예언은 틀린 적이 없었으니까요.

왕비 이오카스테가 오이디푸스를 위로했습니다.

"늙은 장님이 죽을 때가 되어 제정신이 아닌 모양입니다. 라이오스 왕은 도적을 만나 돌아가셨어요. 장님의 헛소리에 마음 쓰지 마세요."

"그렇다면 다행이오만……."

오이디푸스는 고개를 끄덕이면서도 어쩐지 마음이 개운하지 않았습니다.

하루는 코린토스 왕국에서 전령이 찾아왔습니다. 나이가 지긋한 전령은 오이디푸스에게 폴리보스 왕의 죽음을 전했습니다.

"뭐라고? 아버지가 돌아가셨다고?"

"그렇습니다. 메로페 왕비님께선 왕자님이 어서 코린토스로 돌아오기를 바라십니다."

"음……."

오이디푸스는 한동안 침통한 얼굴로 말이 없었습니

다. 아버지를 잃은 슬픔과 더불어 신탁을 들은 일 등 수많은 생각이 오갔지요.

"나는 아직 코린토스로 돌아갈 수 없다."

"왜 그러십니까? 왕비님께서 애타고 기다리고 계십니다."

"아폴론의 신탁 때문이다."

오이디푸스는 자신이 코린토스를 떠난 까닭과 신탁을 받으러 가서 겪은 일을 들려주었습니다.

"신탁대로라면 나는 어머니와 혼인하는 죄를 지을 텐데 어찌 그곳으로 돌아갈 수 있겠느냐."

그러자 전령이 밝은 표정으로 말했습니다.

"왕자님, 그런 일이라면 염려 마십시오. 왕자님은 폴리보스 왕과 메로페 왕비님의 친자식이 아니니까요. 제가 바로 갓난아이인 왕자님을 폴리보스 왕께 데려간 사람입니다."

"뭣이? 그러면 난 누구의 아들이란 말이냐?"

"그건 저도 모릅니다."

"네게 나를 넘긴 이는 누구냐?"

오이디푸스가 전령을 쏘아보며 물었습니다.

"이곳 왕궁에서 가축을 맡아 기르던 시종입니다."

"이곳의 시종이었다고?"

오이디푸스는 이오카스테에게 고개를 돌렸습니다.

"당신은 그자를 알겠군. 그는 지금 어디 있소?"

이오카스테의 얼굴이 백지장처럼 새하얗게 변했습니다. 그녀의 두 눈은 두려움으로 가득했습니다.

"저, 저는 모르는 일이에요. 분명한 건 이제 당신이 신탁의 저주에서 자유로워졌다는 거예요. 당신은 아버지를 죽인 것도 아니고, 메로페 왕비도 당신의 친어머니가 아니니까요. 당신은 테베와 코린토스 가운데 어디서 살지 정하기만 하면 돼요."

"아니오. 그전에 내 친부모가 누군지 알아야겠소. 그 시종을 내게 데려다 주시오."

"저는 모르는 일이니 더는 묻지 마세요. 몸이 좋지 않아서 이만……."

이오카스테는 비틀거리며 자리를 떠났습니다. 오이디푸스는 커다란 의혹에 사로잡혔습니다.

'이오카스테는 분명 그자를 알고 있어.'

그날부터 오이디푸스는 이오카스테를 끈질기게 설득했습니다.

"난 진실을 알고 싶소. 그 시종을 제발 내게 데려다

코린토스인들이 쓰던 투구

코린토스는 펠로폰네소스 반도에 위치한 고대 그리스의 도시국가이자 현대의 도시이다.
고대의 코린토스는 지중해 전 지역은 물론 이집트와 메소포타미아 지방까지 도자기와 청동 그릇 등을 비롯한 여러 상품을 수출해 경제적인 번영을 누렸다.
사진은 코린토스 병사들이 싸울 때 머리에 쓰던 것이다.

■ 서기전 1세기 무렵, 투구.

주시오."

이오카스테는 시치미를 떼다가 결국 지쳐서 포기했습니다. 그녀는 시종이 사는 산으로 시녀를 보내 그를 데려오게 했습니다.

시종은 겁에 질린 표정으로 오이디푸스 앞에 섰습니다. 오이디푸스는 그를 알아보지 못했지만, 그는 오이디푸스가 라이오스를 죽일 때 도망친 바로 그자였지요.

오이디푸스가 왕궁에 처음 나타났을 때 시종은 그를 금세 알아보았습니다.

'저이가 왕이 되면 목격자인 나를 죽일지도 몰라.'

시종은 이오카스테에게 몸이 아프다는 핑계를 대고 왕궁을 떠났습니다. 그러고는 산속에서 양 떼를 돌보며 숨어 지냈습니다.

"내 물음에 한 치의 거짓도 없이 사실대로 대답해라. 거짓임이 밝혀지면 네 목을 벨 것이다. 너는 저 사람을 아느냐?"

오이디푸스가 전령을 가리켰습니다. 시종이 전령을 슬쩍 훑어보았습니다.

"네, 저의 옛 친구입니다."

"좋다. 너는 오래전에 저 사람에게 갓난아이를 넘겼다. 그 아이의 부모가 누구냐?"

시종은 오이디푸스가 옛일을 묻자 어리둥절했습니

다. 그는 라이오스 왕의 살인 사건에 대해 물을 줄 알았으니까요.

"저……, 그건……."

"어서 대답하지 못하겠느냐?"

"그 아이의 부모는 라이오스 전왕과 이오카스테 왕비님이십니다."

"뭐, 뭐라고?"

오이디푸스는 몽둥이로 머리를 세차게 얻어맞은 듯 충격을 받았습니다. 바로 그때 이오카스테가 날카롭게 비명을 질렀습니다.

"아, 안 돼! 모두 거짓말이야!"

그녀는 미친 사람처럼 머리카락을 마구 쥐어뜯었습니다. 시녀들이 그녀를 붙들었습니다.

오이디푸스는 그런 소란 속에서 아무것도 듣지 못하는 것처럼 멍하니 앉아 있었습니다. 그는 이내 정신을 차리고 시종에게 다시 물었습니다.

"너는 라이오스 왕을 죽인 살인자를 보았지? 지금 그가 이 자리에 있느냐?"

시종의 얼굴이 하얗게 질렸습니다. 오이디푸스가 자리에서 일어나 시종에게 다가갔습니다.

"그 살인자가 지금 이곳에 있느냔 말이다!"

오이디푸스가 칼을 뽑았습니다. 시종이 벌벌 떨며 더듬거렸습니다.

"이, 있습니다."

"누구냐?"

"바로 제 앞의 와, 왕이십니다……."

오이디푸스는 칼을 바닥에 떨어뜨렸습니다. 순간 이오카스테가 옷을 쥐어뜯으며 울부짖었습니다. 시녀들이 황급히 그녀를 데리고 나갔습니다.

그날 밤, 이오카스테는 방의 들보에 목을 맨 주검으로 발견되었습니다. 오이디푸스는 사람들을 내보낸 뒤 자신의 아내이자 어머니인 그녀의 주검 앞에 무릎을 꿇었습니다.

"이 죄인을 용서하지 마십시오."

그는 이오카스테의 가슴에서 브로치를 떼어 냈습니다. 그러고는 브로치의 뾰족한 바늘로 자신의 두 눈을 사정없이 찔렀습니다. 그의 눈에서 피가 뿜어져 나와 사방으로 튀었습니다.

한참 뒤에 크레온이 문을 열고 들어왔습

이오카스테의 죽음

오이디푸스는 아내이자 어머니인 이오카스테가 스스로 목숨을 끊자 자신의 두 눈을 찔러 장님이 된다. 오이디푸스 뒤로 스핑크스 석상이 보인다.

■ 테오발 샤르트랑, 〈테베 탈출〉

니다. 그는 왕비가 죽었다는 소식을 듣고 달려온 참이었습니다.

"아아, 이게 무슨 일이란 말입니까."

크레온은 누이의 주검 앞에 무릎을 꿇다가 피범벅이 된 오이디푸스를 발견했습니다. 그가 소스라치게 놀라 소리쳤습니다.

"아니, 왕께서는 대체 무슨 일입니까?"

크레온이 오이디푸스의 어깨를 붙들었습니다.

"크레온……."

오이디푸스가 나직하게 말했습니다.

"나는 태어나서는 안 될 사람이었소. 나는 해를 끼쳐서는 안 될 분을 죽였고, 함께 살 수 없는 분과 결혼했소. 나는 세상의 빛을 볼 자격이 없소. 테이레시아스의 말대로 나는 눈뜬장님이었던 모양이오. 아아, 나를 이렇게 만든 운명이 원망스럽소."

오이디푸스의 눈에서 피가 뒤범벅된 눈물이 흘러내렸습니다. 크레온은 아무 말도 할 수 없었습니다. 오이디푸스가 말을 이었습니다.

"부탁이 있소, 크레온. 부디 이 왕국을 맡아 주시오. 아버지를 죽이고 어머니와 결혼한 이 죄인은 이 땅에서 떠나겠소."

크레온이 말없이 고개를 끄덕였습니다.

이튿날 오이디푸스는 지팡이를 짚고 새벽 어스름 속에 떠났습니다. 그의 딸 안티고네가 말없이 그의 뒤를 따랐지요.

그때부터 오이디푸스는 빌어먹으며 세상을 떠돌았습니다. 안티고네는 장님이 된 아버지를 끝까지 따르며 보살폈지요.

결국 그는 아테네 왕국 근처에 있는 콜로노스라는 마을에서 숨을 거두었습니다. 아테네의 왕 테세우스가 그 소식을 듣고 장례를 치러 주었습니다.

오이디푸스가 떠난 뒤 테베에서는 전염병과 가뭄이 씻은 듯이 사라졌습니다. 하지만 오이디푸스 가문의 불행은 멈추지 않았습니다.

오이디푸스의 두 아들은 테베의 왕위를 놓고 싸우던 끝에 서로를 죽였으며, 안티고네도 오빠의 주검을 묻어 준 죄를 짓고 스스로 목숨을 끊었습니다.

오이디푸스와 안티고네

오이디푸스는 그의 딸 안티고네와 테베를 떠나 세상을 떠돌다가 콜로노스에서 죽음을 맞았다. 안티고네가 오이디푸스의 무릎에 얼굴을 묻고 서럽게 울고 있다.

■ 요한 페터 크라프트, 〈오이디푸스와 안티고네〉

신화 갤러리 9

▲ **추방당하는 오이디푸스**
오이디푸스가 어머니와의 사이에서 낳은 딸 안티고네와 함께 테베를 떠나고 있다.
오이디푸스의 비극에서 오늘날 오이디푸스 콤플렉스라는 유명한 심리학 용어가 나왔다.
■ 샤를 프랑수아 잘라베르, 〈오이디푸스와 안티고네〉

오이디푸스 콤플렉스

오이디푸스 이야기는 고대 그리스의 작가 소포클레스가 《오이디푸스 왕》을 희곡으로 만듦으로써 널리 알려졌습니다. 오이디푸스는 '아버지를 죽이고 어머니와 결혼한다.'는 자신의 저주스러운 운명을 피하려다가 결국 운명과 마주한 인물로 그리스 신화가 전하는 가장 비극적인 이야기의 주인공입니다.

심리학자 프로이트는 오이디푸스의 비극적인 운명에 견주어 '오이디푸스 콤플렉스'라는 말을 만들어 냈습니다. 남자아이는 어머니에게 애정을 갖기 때문에 아버지를 질투하고 미워한다는 것입니다. 프로이트는 오이디푸스 콤플렉스를 올바로 극복해야 유아가 정상적으로 성장한다고 보았습니다. 신화로부터 영감을 얻어 심리 이론과 학설을 만들었다는 사실이 매우 흥미롭지요.

스핑크스, 괴물이거나 수호신이거나!

그리스 신화의 스핑크스는 수수께끼를 내어 틀린 답을 말하는 테베 사람을 모조리 잡아먹었습니다. 이 괴물은 사람과 사자와 새를 합쳐 놓은 듯한 기묘한 생김새만큼이나 마음씨도 고약했지요.

반면에 이집트의 기자에도 머리는 사람이고 몸은 사자인 거대한 스핑크스가 있습니다. 서기전 2500년 무렵에 만들어진 것으로 그리스의 스핑크스와 달리 왕의 무덤인 피라미드를 지키는 수호신으로서 경외와 숭배의 대상이었습니다.

학자들은 그리스인이 이집트의 스핑크스에서 실마리를 얻어 그리스의 스핑크스를 만들어 냈을 것으로 추측합니다. 오늘날까지 스핑크스는 작가들의 상상력에 원동력이 되었으며, 그림과 조각, 여러 장식품의 좋은 소재가 되고 있습니다.

▲ 그림에 담긴 스핑크스
이집트의 스핑크스가 그림의 배경으로 그려져 있다.
■ 조셉 오스틴 벤웰, 〈피라미드와 스핑크스 너머의 캐러밴〉

▲ 신의 사자상 스핑크스
이집트의 스핑크스는 왕의 무덤을 지키는 수호자이다. 스핑크스 뒤로 왕의 무덤인 피라미드가 보인다.

◀ 신화의 소재가 된 스핑크스
그리스와 이집트의 스핑크스는 모두 사자의 몸을 지녔다. 이집트의 것은 수컷인 데 반해 그리스의 것은 암컷이다.
■ 프랑수아 자비에 파브르, 〈오이디푸스와 스핑크스〉 부분.

[10장]
무엇이든지 꿰뚫는 창

　케팔로스는 아내의 잠을 깨우지 않으려고 조용히 문밖으로 나왔습니다. 그는 히메토스 산을 향해 걸으며 새벽 공기를 가슴 깊이 들이마셨습니다.
　'흠, 상쾌하다! 이런 맛에 새벽 사냥을 한다니까.'
　케팔로스는 포키스 왕국의 왕자로 아테네의 공주 프로크리스와 결혼했습니다. 그는 아내를 위해 평생 아테네에서 살기로 마음먹었지요.
　케팔로스는 아내의 사랑스러운 얼굴을 떠올리며 빙그레 미소 지었습니다.
　그때 숲에서 바스락거리는 소리가 났습니다. 케팔로스가 고개를 돌리자 나무 사이로 산양이 보였습니다. 그는 순식간에 활시위를 당겨 쏘았습니다. 화살이 산양을 살짝 비켜 갔습니다.

이런 케팔로스의 모습을 새벽의 여신 에오스가 수레를 몰고 히메토스 산 위를 날다가 보았습니다. 에오스는 별들의 불을 끄고 태양 마차를 모는 말들을 깨우고 돌아오는 길이었지요.

'오, 참으로 늠름하고 용맹해 보이는구나. 저런 남자와 함께 산다면 얼마나 좋을까.'

에오스는 케팔로스에게 첫눈에 반해 그의 머리 위를 빙빙 맴돌았습니다. 여신은 수레를 몰고 쏜살같이 산 아래로 날아가 그를 납치한 뒤, 자신의 궁전으로 데려갔습니다.

에오스는 그에게 온갖 정성을 다했습니다. 가끔씩 우울해 하는 그를 볼 때면 고향을 생각하는 것이라 여겼습니다. 그렇게 팔 년의 세월이 훌쩍 지났습니다. 그사이에 아들도 태어났지요.

케팔로스는 그동안 자신을 기다리고 있을 프로크리스를 한시도 잊은 적이 없었습니다. 그는 날마다 버릇처럼 한숨을 내쉬며 혼잣말

케팔로스에게 반한 에오스

새벽의 여신 에오스는 케팔로스에게 반해 그를 납치한다. 에오스는 태양신 헬리오스, 달의 여신 셀레네와 남매이다.

■ 피에르 나르시스 게랭, 〈케팔로스와 에오스〉

에오스를 떠나는 케팔로스

케팔로스는 프로크리스가 그리워 에오스를 떠나려 하고, 에오스는 그런 케팔로스를 붙잡는 모습으로 표현하고 있다.

■ 니콜라 푸생, 〈케팔로스와 에오스〉

을 했습니다.

"프로크리스, 난 죄인처럼 갇혀 있다오. 당신만이 내 사랑이고 내 아내요. 우리는 언제 다시 만날 수 있을까."

하루는 에오스가 우연히 그 말을 들었습니다. 순간 에오스는 버럭 소리를 질렀습니다.

"뭣이? 난 지금껏 너의 껍데기와 살았구나. 당장 네 아내에게 데려다 주마."

여신은 케팔로스를 수레에 태워 그를 납치한 산에 내동댕이쳤습니다. 여신은 간신히 몸을 일으키는 그에게 소리쳤습니다.

"흥, 프로크리스의 마음이 너와 같을 줄 아느냐? 낯선 남자로 네 모습을 바꿔 주고 보석들을 줄 테니 그녀를 시험해 보아라. 네가 원하면 언제든 본래의 모습으로 되돌아갈 수 있지만, 너는 그녀를 다시 만난 걸 반드시 후회하게 될 것이다."

케팔로스는 그토록 그리워하던 아내에게 달려갔습니다. 그런데 집에 가까워질수록 아내를 의심하는 마음이 생겨났습니다.

'프로크리스의 마음이 정말 변한 건 아닐까?'

한번 일어난 의심의 불길은 사랑보다 더 쉽게 타올랐습니다.

'그래, 여신의 말대로 먼저 아내의 진심을 알아봐야겠어.'

케팔로스는 에오스가 바꿔 준 모습 그대로 프로크리스를 찾아갔습니다. 그는 에오스에게 받은 보석을 아내 앞에 내놓으며 말했습니다.

"아름다운 그대가 홀로 산다는 소문을 듣고 아르고스에서 여기까지 찾아왔소. 이 선물은 그대를 위한 것이오. 부디 나와 결혼해 주시오."

프로크리스는 보석에 눈길조차 주지 않은 채 차갑게 거절했습니다.

"돌아가세요. 저에게는 남편이 있습니다."

케팔로스는 속으로 기쁘면서도 그대로 물러서지 않았습니다. 날마다 프로크리스를 찾아가 보석을 바치며 끈질기게 설득했지요. 그러자 그녀는 마음을 조금씩 움직여 마침내 청혼을 받아들였습니다.

"당신의 한결같은 마음에 감동했어요."

그녀가 말을 마치자마자 케팔로스가 제 모습을 드러냈습니다. 그녀는 놀랍고도 부끄러운 마음에 어쩔 줄 몰랐습니다. 케팔로스는 아내에게 원망의 눈길을 보내며 말했습니다.

"팔 년 전에 에오스 여신에게 잡혀간 뒤로 나는 오직 당신만을 그리워했소. 그런데 당신은 이토록 유혹에 약하다니 참으로 실망이오."

그러자 프로크리스는 뜨거운 눈물을 주르륵 흘렸습니다.

"제가 유혹에 넘어간 건 부끄러워요. 하지만 저를 시험하다니 당신의 마음은 사악하군요."

프로크리스는 이 말을 남기고 밖으로 뛰쳐나갔습니다. 그녀는 그날 밤도, 그 다음 날도 돌아오지 않았습니다. 케팔로스는 뒤늦게 자신의 잘못을 깨닫고 그녀를 찾아다녔지만 헛수고였지요.

'그 사람은 날 사랑하지 않았어. 날 정말 사랑했다면 시험하지 않았을 거야.'

프로크리스는 케팔로스를 원망하며 세상을 떠돌았습니다. 그러다가 숲 속에서 아르테미스를 만났지요. 그녀는 여신을 따르며 사냥을 하고 약초로 병을 고치

는 법을 스스로 익혔습니다.

그 뒤 프로크리스는 에게 해에 있는 크레타 섬으로 건너갔습니다. 크레타는 제우스와 에우로페 사이에 태어난 미노스 왕이 다스렸지요.

하루는 프로크리스의 귀에 사람들이 수군대는 소리가 들렸습니다.

"미노스 왕의 몸에 전갈이나 독거미 같은 벌레들이 붙어산다는 게 사실일까?"

"나도 들었네. 왕이 사랑한 여자는 독에 쏘여 죽는다는군. 그래서 파시파에 왕비와도 떨어져 산다지?"

프로크리스는 도움을 주고 싶어 곧바로 미노스를 찾아갔습니다.

"제가 약초로 왕의 병을 치료해 보겠습니다."

"내 병이 나으면 큰 사례를 하겠소."

프로크리스는 산에서 약초를 캐다가 정성껏 약을 만들었습니다. 미노스는 그 약을 먹고 얼마 지나지 않아 병이 말끔히 나았습니다.

그러는 사이에 미노스는 프로크리스를 사랑하게 되었습니다. 그녀도 너그러운 미노스가 좋았습니다. 둘은 함께 지내며 행복한 시간을 보냈지요.

파시파에가 그 소식을 듣고 펄쩍 뛰었습니다. 그녀는 프로크리스에게 이곳을 떠나라고 명령했습니다.

프로크리스가 떠나는 날, 미노스는 그녀에게 날렵하게 생긴 사냥개와 예사로워 보이지 않는 창 한 자루를 선물했습니다. 두 가지 모두 아버지 제우스에게 받은 보물들이었습니다.

"이 개의 이름은 돌풍이란 뜻을 지닌 라일라프스요. 어떤 짐승도 단숨에 따라잡을 수 있소. 또 이 창은 세상의 무엇이든 꿰뚫는 마법의 창이오. 마음속에 목표를 정하고 던지면 어김없이 명중한다오."

미노스는 프로크리스의 손을 꼭 잡으며 말을 이었습니다.

"그동안 내게 베풀어 준 은혜에 대한 보답이오. 당신은 사냥을 좋아하니 이 둘은 쓸모가 많을 거요. 어딜 가든 부디 행복하시오."

프로크리스는 미노스의 마음이 고마워 눈물을 흘렸습니다.

그녀는 그리스 반도로 돌아가 다시 숲을 떠돌며 지냈습니다.

사냥개와 마법의 창
프로크리스는 미노스에게 선물 받은 사냥개와 마법의 창을 케팔로스에게 선물한다.

■ 필리프 드 샹파뉴, 〈케팔로스와 프로크리스〉

무엇이든지 꿰뚫는 창

라일라프스와 창이 있기에 그녀의 사냥은 실패하는 법이 없었습니다.

'아테네에서 살 때가 그립구나.'

프로크리스는 자신도 모르게 조금씩 아테네 쪽으로 다가갔습니다.

그러던 어느 날, 그녀는 숲에서 케팔로스와 우연히 마주쳤습니다. 그는 그녀가 떠난 뒤로 하루도 빠짐없이 그녀를 찾아 숲을 헤맸지요.

"프로크리스!"

케팔로스는 달려가 그녀를 와락 껴안았습니다. 그는 떨리는 목소리로 그녀에게 애원했습니다.

"내가 정말 잘못했소. 이제 그만 나를 용서하고 집으로 돌아갑시다."

그들은 함께 사냥을 나왔다가 돌아가는 부부처럼 정답게 집으로 향했습니다.

두 사람은 지난 일을 잊고 새로운 생활을 시작했습니다. 프로크리스는 사냥을 좋아하는 남편에게 미노스에게 받은 선물을 주었습니다. 케팔로스는 크게 기뻐하며 항상 라일라프스를 앞세우고 마법의 창을 몸에 지닌 채 사냥을 나갔습니다.

 라일라프스는 과연 돌풍처럼 내달렸습니다. 어떤 짐승이라도 순식간에 따라잡아 물고 늘어졌지요. 그 순간 케팔로스는 마법의 창을 던졌습니다. 창은 짐승의 급소를 정확하게 꿰뚫었습니다.

 하루는 테베에서 그 소문을 들은 사람이 케팔로스를 찾아왔습니다.

 "지금 테베에 암여우 한 마리가 나타나 가축을 해치

고 사람을 위협합니다. 아르테미스 여신이 그 여우를 두고 어떤 짐승에게도 잡히지 않을 거라고 예언하셨지요. 이곳에 어떤 짐승이라도 따라잡는 개가 있다고 들었습니다. 부디 테베를 도와주십시오."

"그런 일이라면 당장 도와야지요."

케팔로스는 라일라프스를 데리고 테베로 갔습니다. 그와 라일라프스는 한 들판에서 암여우와 마주쳤습니다. 라일라프스가 컹컹 짖으며 달려들자 암여우가 재빠르게 도망쳤습니다. 개와 암여우는 너른 들판에서 쫓고 쫓기는 경주를 벌였습니다.

"라일라프스, 힘내라!"

사람들이 언덕 위에서 함성을 질렀습니다.

두 짐승은 들판을 요리조리 뛰어다녔습니다. 라일라프스가 암여우의 뒷다리를 무는가 싶으면 암여우가 번번이 몸을 틀어 피했습니다. 두 짐승은 아슬아슬하게 거리를 좁혔다 넓혔다 하며 온종일 쫓고 쫓겼지요.

개와 암여우의 달리기 경주는 몇 날이 지나도록 계속되었습니다. 구경꾼들이 지쳐서 돌아가면 새로운 구경꾼들이 나타났습니다. 케팔로스마저 지칠 대로 지쳐서 혼잣말로 중얼거렸습니다.

모순
앞뒤가 맞지 않은 말을 뜻한다. 중국 초나라의 상인이 창과 방패를 팔면서 창은 어떤 방패로도 막지 못하는 창이라 하고, 방패는 어떤 창으로도 뚫지 못하는 방패라고 한 데서 나온 말이다.
어떤 짐승도 따라잡는 사냥개 라일라프스와 어떤 사냥개에게도 잡히지 않는 암여우도 이와 같이 모순에 해당한다. 결국 두 짐승은 돌이 됨으로써 고단한 경주를 끝낼 수 있었다.

"이 경주는 신들께서 해결해 주셔야 끝나겠군."

때마침 제우스가 이 신기한 광경을 보았습니다.

"저 개는 내가 예전에 미노스에게 준 라일라프스가 아니냐. 무엇이든 잡는 개와 무엇에도 잡히지 않는 암여우라……. 경주는 두 짐승이 죽어야만 끝나겠구나. 아무리 짐승이지만 가엾도다."

제우스는 두 짐승을 돌로 만들었습니다. 암여우와

케팔레니아 섬

그리스 서부의 이오니아 제도 가운데 가장 큰 섬으로 '케팔로니아'라고도 한다. 이 섬의 이름은 그리스 신화의 인물인 케팔로스에서 유래한 것이다. 케팔로스는 프로크리스가 세상을 떠난 뒤 아테네를 떠나 이 섬으로 가서 왕이 된다.

라일라프스는 쫓고 쫓기는 모습 그대로 딱딱하게 굳었습니다. 영원히 그칠 것 같지 않던 경주는 그렇게 끝이 났습니다.

케팔로스는 테베를 도운 공으로 그곳 왕에게 서쪽 바다의 섬을 받았지요. 그는 자신의 이름을 따서 그 섬을 케팔레니아라고 했습니다.

케팔로스는 아테네로 돌아온 뒤에도 언제나 새벽 사냥을 나섰습니다. 그의 곁에는 이제 라일라프스가 없었지만 큰 어려움은 없었습니다. 마법의 창이 그의 사냥을 도왔으니까요.

그는 사냥을 하다 지치면 깊은 골짜기의 풀밭을 찾았습니다. 그곳은 나무가 울창해서 시원한 그늘을 만들어 주는 데다가 사람의 눈에 잘 띄지 않아서 조용히 휴식을 취하기에 적당했습니다.

그날도 케팔로스는 땀을 식히려고 그곳을 찾았습니다. 그는 풀밭에 누워 기분 좋게 흥얼거렸습니다.

"아우라여, 그대가 그리워 찾아왔소. 어서 뜨거운 내 몸을 안아 주오."

그러자 마치 그의 부름에 응답하듯 한 줄기 산들바

람이 그의 몸을 스치고 지나갔습니다. 아우라는 바로 산들바람을 일컫는 말입니다. 그는 흥에 겨워 더욱 큰 소리로 외쳤습니다.

"오오, 내 뺨을 스치는 그대의 입술은 나의 기쁨이요, 행복이라오."

때마침 사냥꾼들이 주변을 지나다가 그의 외침을 들었습니다. 그들이 놀라서 수군거렸습니다.

"저건 케팔로스의 목소리 아냐?"

"그렇군. 지금 여인에게 하는 말 같지 않나?"

그들은 케팔로스가 숲의 요정 아우라와 몰래 만나 사랑을 나눈다고 생각했습니다. 그 소문은 순식간에 퍼져 나가 프로크리스의 귀에까지 들어갔습니다.

'그럴 리가 없어. 그이는 어렵게 되찾은 행복을 쉽게 저버릴 사람이 아니야.'

그녀에게 케팔로스를 믿고 싶은 마음과 의심하는 마음이 동시에 일었습니다.

'내가 직접 확인해야겠어.'

다음 날 새벽에 일어난 케팔로스는 평소처럼 조용히 움직였습니다. 프로크리스는 잠든 척하고 있다가 조용히 일어나 케팔로스를 뒤따랐습니다.

케팔로스는 해가 산봉우리 위로 떠오를 때까지 숲의 이곳저곳을 누비며 사냥을 했습니다. 그새 사슴 두 마리와 노루 세 마리를 잡았지요. 그는 그날따라 사냥이 잘되어 무척 기분이 좋았습니다.

"휴, 땀 좀 식혀 볼까?"

그는 골짜기의 풀밭으로 가서 벌렁 누웠습니다. 프로크리스는 재빨리 풀숲에 몸을 숨겼습니다. 그녀가 그를 보기 위해 막 고개를 드는데 그의 목소리가 들려왔습니다.

"내 사랑 아우라여, 오늘도 그대가 이렇게 날 반겨 주는구려."

그 순간 그녀는 분노가 치밀었습니다. 온몸의 피가 거꾸로 솟는 듯했습니다.

'저들을 용서하지 않을 테다!'

프로크리스는 그에게 달려가려고 몸을 벌떡 일으켰습니다.

"바스락!"

그녀의 몸이 나뭇잎을 건드리며 소리를 냈습니다. 그 소리에 케팔로스가 창을 들고 일어났습니다.

'무슨 짐승일까? 일단 창을 던지고 보자.'

그는 소리나는 쪽으로 마법의 창을 힘껏 던졌습니다. 창은 한 치의 오차도 없이 정확히 목표물에 명중했습니다.

"아아악!"

여인의 날카로운 비명 소리가 골짜기에 울려 퍼졌습니다. 케팔로스가 깜짝 놀라 달려가자 프로크리스는 가슴에 창을 맞고 가쁜 숨을 몰아쉬고 있었습니다.

케팔로스는 얼굴이 새하얗게 질린 채 프로크리스에게 다가갔습니다.

"안 돼, 프로크리스! 당신이 왜 여기 있소."

"당신이 어떻게……, 나 몰래 아우라 와……."

프로크리스는 더는 말을 잇지 못했습니다. 케팔로스는 몸에서 힘이 빠져나가는 아내를 안고 울부짖었습니다.

"아우라? 그건 산들바람일 뿐이오. 내겐 오직 당신밖에 없소. 제발 죽으면 안 돼!"

순간 프로크리스의 입가에 희미한 미소가 떠올랐습니다. 케팔로스는 이미 영혼이 떠난 아내를 붙들고 숲이 떠나갈 듯 큰 소리로 울었습니다.

그 뒤 케팔로스는 아내를 죽인 죄로 아테네의 법정에 섰습니다. 법정에서는 그에게 아테네를 떠나라는 판결을 내렸습니다.

케팔로스는 그것이 아니더라도 아내가 없는 아테네에 한순간도 머물고 싶지 않았습니다. 그는 자신의 섬인 케팔레니아로 가서 그곳의 왕이 되어 살았습니다.

프로크리스의 죽음

프로크리스는 케팔로스가 던진 마법의 창에 맞아 숨을 거둔다.

■ 파올로 베로네세, 〈케팔로스와 프로크리스〉

신화 갤러리 10

세계 건축에 영향을 준 그리스의 신전

고대 그리스의 건축가들은 이상적인 조화를 이룬 균형미를 추구했습니다. 그래서 신전을 지을 때도 건물 전체의 높이와 폭, 기둥의 간격 등 건물 구성의 균형에 세심한 신경을 썼지요. 그들의 과학적인 건축 원리는 후대의 건축 양식에 큰 영향을 주었습니다. 이때 쓰인 건축 양식으로는 도리스식과 이오니아식, 코린트식이

❶ **헤라 신전**(도리아식)
이탈리아 남부의 파이스툼에 있다. 그리스인들은 서기전 8세기 무렵부터 이탈리아의 남부에 정착해 신전을 세웠다. 도리아 양식 특유의 단정하고 중후한 멋이 살아 있다.

❷ **아테나 니케 신전**(이오니아식)
서기전 5세기에 그리스 아테네의 아크로폴리스에 세워진 신전. 고대에는 니케 신전으로 불렸으나 전쟁의 승리를 기원하며 지은 아테나 신전이다. 조각 장식이 많아 경쾌하면서도 우아한 느낌을 준다.

❸ **올림피아 제우스 신전**(코린트식)
서기전 1세기에 세워졌으며 그리스 아테나에 있다. 원래는 104개의 코린트식 기둥이 있던 실로 엄청난 규모였으나 지금은 15개의 기둥만 남아 있다.

있습니다. 이 건축 양식은 지금까지 세계 여러 나라의 박물관, 법원, 대학교 등 다양한 건축물을 짓는 데 이용되고 있습니다.

❖ 도리아 양식

주춧돌이 없이 기단 위에 기둥몸이 바로 세워지며, 위로 갈수록 굵기가 가늘어집니다. 기둥이 굵고 장식이 별로 없어 남성적인 기상과 단정하고 중후한 아름다움이 있습니다.

▲ 도리아식 기둥머리
아테네의 파르테논 신전과 올림피아의 헤라 신전 등이 있다.

▲ 이오니아식 기둥머리
아테네의 에레크테이온 신전, 아테나 신전 등이 대표적이다.

❖ 이오니아 양식

기단과 기둥몸 사이에 주춧돌이 있으며 기둥머리에 소용돌이 장식이 있습니다. 기둥이 높고 가늘며 세부에 조각 장식이 많아 훨씬 경쾌하면서도 우아한 느낌을 줍니다.

❖ 코린트 양식

대부분 이오니아 양식과 비슷한데 기둥머리에 아칸서스 잎과 덩굴이 조각되어 있는 점이 다릅니다. 또 이오니아 양식보다 더 우아하고 화려하지요. 이 양식이 로마로 전해지면서 소용돌이 장식과 아칸서스 잎을 결합한 새로운 형태로 발전합니다.

▲ 코린트식 기둥머리
아테네의 올림피아 제우스 신전, 로마 황제인 하드리아누스 신전 등이 있다.

▲ 도리아식 기둥

처음으로 만나는 그리스 로마 신화

❸ 사랑의 신화

글 김민수
그림 이현세

1판 10쇄 발행일 2020년 9월 25일

편집 민점호, 신달림, 한수화, 김세리, 이미연
디자인 박성준, 이의정, 김지은
컬러링 박초희, 김민정

펴낸이 강경태
펴낸곳 녹색지팡이&프레스(주)
등록번호 제16-3459호
주소 서울시 강남구 테헤란로84길 12 (우)06178
전화 (02) 2192-2200
팩스 (02) 2192-2399
홈페이지 www.betterbooks.co.kr

Illustration Copyright ⓒ 이현세, 2011

ISBN 978-89-94780-14-6 64800
ISBN 978-89-94780-17-7 64800(세트)

이 책의 출판권은 저작권자와 독점 계약한 녹색지팡이&프레스에 있습니다.
저작권법에 의해 보호를 받는 저작물이므로 무단 전재와 무단 복제를 금합니다.

신들의 이름 비교

	그리스	로마	영어	별칭
올림포스 열두 신	제우스	유피테르	주피터	최고의 신
	헤라	유노	주노	결혼과 가정의 여신
	포세이돈	넵투누스	넵튠	바다의 신
	아프로디테	베누스	비너스	사랑과 미의 여신
	데메테르	케레스	세레스	곡식과 농사의 여신
	아테나	미네르바	미네르바	지혜의 여신
	아폴론	아폴로	아폴로	태양·음악·예언의 신
	아르테미스	디아나	다이아나	사냥과 순결의 여신
	헤파이스토스	불카누스	벌컨	불과 대장장이의 신
	아레스	마르스	마스	전쟁의 신
	헤르메스	메르쿠리우스	머큐리	전령의 신
	디오니소스	바쿠스	바커스	술의 신
기타 신	헤스티아	베스타	베스타	화로의 여신
	하데스	플루토	플루토	지하 세계의 신
	에로스	쿠피도	큐피드	사랑의 신
	오케아노스	오케아누스	오션	큰 바다의 신
	헬리오스	솔	선	태양신
	셀레네	루나	문	달의 여신
	에오스	아우로라	오로라	새벽의 여신
	니케	빅토리아	나이키	승리의 여신
	무사	무사	뮤즈	예술의 여신
	가이아	텔루스	어스	대지의 여신
	우라노스	카일루스	유러너스	하늘의 신
	크로노스	사투르누스	새턴	시간의 신

신과 인간의 계보

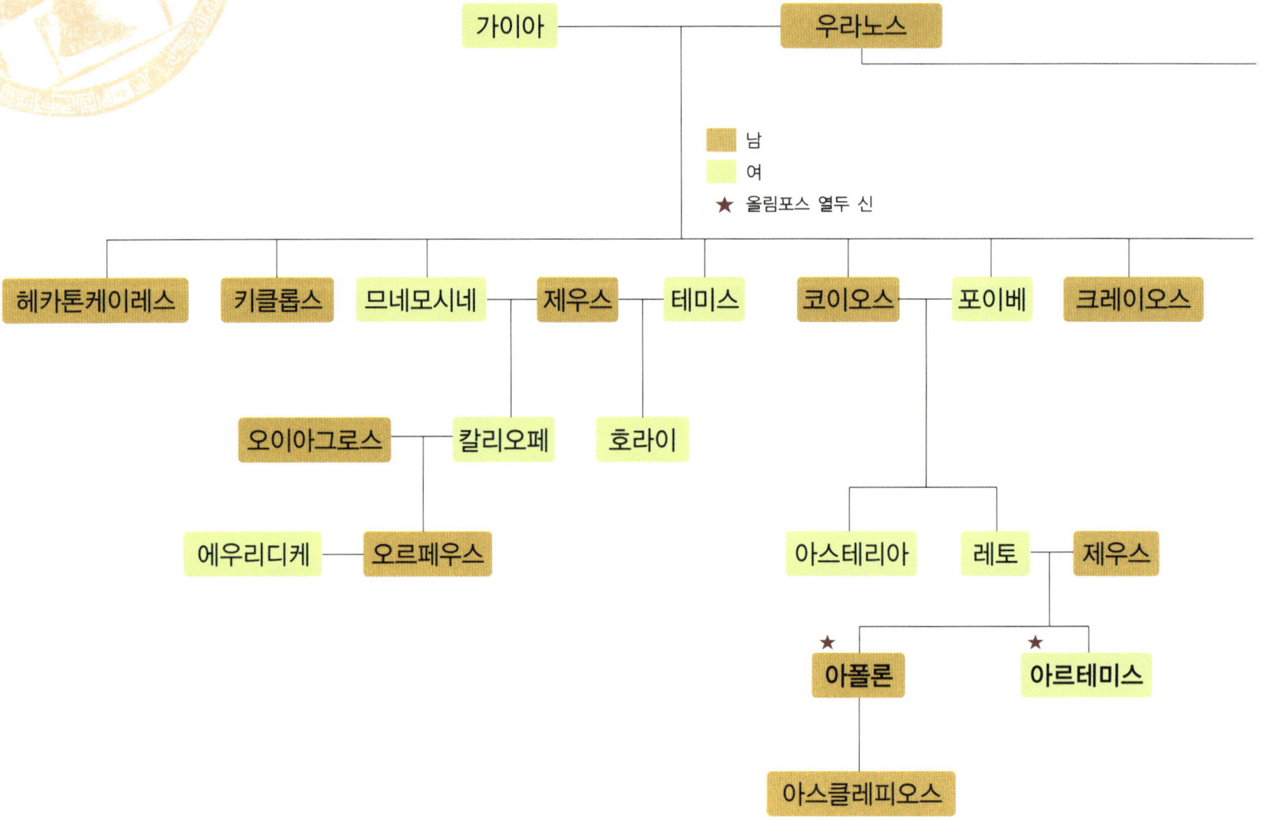

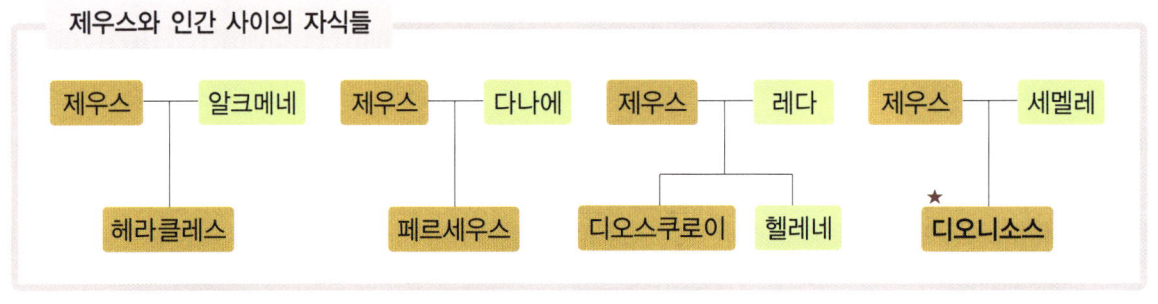

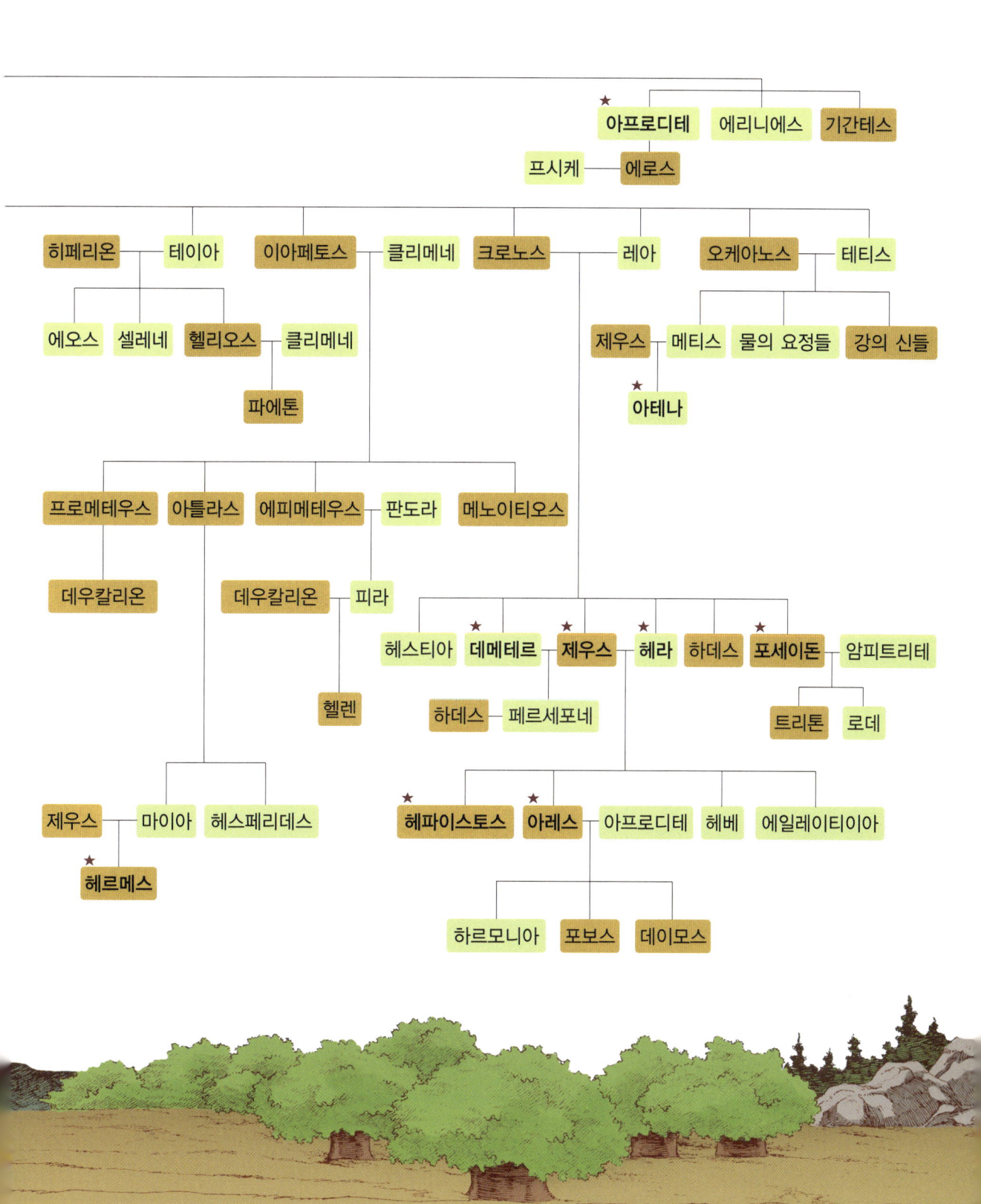